從論語學會經營哲學

謝四海 著

五南圖書出版公司 印行

序一
「神聖賢哲」的「王道經營」之光

陳定國教授

企業「有效經營」是「民富國強」的基石，也是「積極」的慈 善事業。企業「有效經營」是指企業提供的產品及服務，能夠獲得「顧客滿意」，同時又能賺取「合理利潤」。在長期「有效」營運 之下，可以創造股東（業主）合理報酬，使他們願意支持企業繼續再投資，擴大創造社會福祉的規模經濟，也可以有能力提供員工就業機會，提高員工薪酬、物質、精神及知識成長機會，進而穩定社會和諧秩序及提升仁義道德水準，達到幸福快樂境界。

企業有效經營所創造的顧客滿意、股東滿意及員工幹部的滿意，可以正面影響其他利害關係人的滿意，如上游供應商、下游經銷商、政府機構、媒體、銀行、運輸、通訊、社區鄰居、

▲陳定國教授與詹董事長在上海廠前合影

大社會及環境等等的滿意，形成一個整體正面光明運轉體系。一般人士時有偏高或偏低評定企業追求利潤行為，事實上在神、聖、賢、哲的義利合一之「王道」有效經營之下，「合理利潤」只是提供「滿意服務」的手段，而創造廣大社會滿意之生生不息服務，才是企業造福人類社會共生共榮的真正目的。

從司馬遷（B.C.145～B.C.87）的《史記·貨殖列傳》中，所記的那些「素王」（指平民布衣，經商成就，富可抵一城之君、一國之王，但卻「富而好德」之人），到近世美國「鋼鐵大王」安德魯·卡內基（Andrew Carnegie, 1835～1919），日本「企業之父」澀澤榮一（1840～1931），「經營之神」松下幸之助（1894～1989），「經營之聖」稻盛和夫（1932～），台灣「經營之神」王永慶（1917～2008）等等都是奉行「有效經營」的刻苦耐勞墨家信徒。中國墨家始祖——墨子（墨翟，B.C.479～B.C.381）主張兼愛、非攻、尚賢、節用等等，身體力行，摩頂放踵，以利天下。他們以天下為己任，嚴以律己，寬以待人；他們開始取之於社會，終結還之於社會，中間壯大社會財富，創造就業機會，培植人才，造福眾生。他們做事「高高山頂立」（如子貢），做人「深深海底行」（如顏淵）。

本書《從論語學會經營哲學》作者謝四海先生，是二林社區大學校長，是合璧工業（股）公司創辦人董事長詹其力的彰化同鄉，是一位國學大師，對中國文化有深厚研究心得，曾編寫《中國文化教材》造育學子無數，令人敬佩萬分。他看過日本近代「企業之父」澀澤榮一退休後所寫《論語與算盤》（1928）名

著，佩服日本「明治維新」時代澀澤榮一用中國儒家孔子的仁義道德思想來「有效經營」西方資本主義之現代化企業。澀澤榮一把「仁義（利他）」和「求利（私利）」合一，即「義利合一」，用《論語》代表公利的仁義道德，用「算盤」代表私利的精打細算，使他從日本大藏相（財經部長）退休轉爲民間商人，所創辦的500多個企業，個個成功，既使他自己揚名於世，光耀家族，又使國家社會繁榮昌盛，人民得益，一舉兩得，達到世界大同的理想目標。

謝四海校長久聞合璧公司詹其力董事長四十六年來，以卓越特有的「處世哲學」、具體的「經營理念」、日課修煉的「禪之5S」的落實執行，使公司年年賺錢，業績持續成長，不畏景氣循環，一往直前；顧客滿意，讚譽盈庭；員工滿意，自動自發，團結成「一家人」；公司提撥盈利30%作公益（5%給社會，25%給員工），冠於業界等等佳譽。謝四海校長耳聞合璧「有效經營」之外，並親自到上海合璧公司實地考察，深感震撼。

合璧公司「王道經營」開始於詹其力董事長「處世哲學」之聖哲形成過程、「經營理念」之心腦（做人做事）具體化、「工廠營運」之人文藝術化、「科學管理」之進步化，以及「良知、良能、良心」之「三良」專業化。所以，謝四海校長把詹其力董事長譽爲「經營之哲」，以與先賢之日本「企業之父」、「經營之神」、「經營之聖」、中國「企業素王」同等尊崇，寫成本書《從論語學會經營哲學》，詳細說明詹其力董事長「有效經營」理論形成與實務作法，可提供各界經營領導者以及眾多中小企業

▲陳定國教授在合璧園區立碑

經理人員作為借鏡範本，闡明追求「身、心、靈」合一之「內聖外王」之道，是在於長久貢獻社會之「偉大」（Great），而非暫時業績壟斷之「巨大」（Big）。

本人在企業管理學術界及實務界浮沉五十多年，見過各方人士及大小企業無數，對企業「王道」經營、「霸道」經營、「無道」經營及「惡道」經營之因果輪迴了然於心，所以退休於職場後，專心從事「良知、良能、良心」之「三良」專業經理人之培育公益活動，以「智慧」、「功德」、「成就」為崇高人生目標，其間有幸得到洪和昌先生（彰工校友會理事長）介紹，得以認識詹其力董事長及合璧公司之王道有效經營寶貴實例，曾經將它和王永慶先生之台塑集團經營方法，拿到上海著名大學MBA課堂當教案，深得學員們佩服讚賞。多年來和詹其力董事長交往學習中，深為佩服詹董事長貧困出身之赤子之心，言行如一，以身作則，說到做到，言忠信，行篤敬，任重道遠，愛人如子，有儒家（孔子）、釋家（佛陀）、哲學家（亞里斯多德）之仁義慈悲宏大理念，也有刻苦耐勞以利天下之墨家精神。敬佩之餘，特寫數句有關企業管理之術語，表

示我對謝四海校長所撰「經營之哲」（詹其力董事長）之「王道
經營」之崇高推荐。

陳定國

2016.08.30

陳定國 教授

美國密西根大學企業管理博士（1973），
曾任台灣大學商學系所 教授、主任、所長，
淡江大學、亞洲大學、國立台灣師範大學、
中國文化大學之院長，客座講座教授等等。
現任中華企業研究院基金會公益董事長及
中華企業經理協進會榮譽理事長（第九任理事長）等等。

序二
動腦用心─成功卓越的慈善企業家

王義郎　董事長

▲第一名店、香菇王董事長王義郎

　　大多數企業經營的目的是追求利潤，但真正優越的企業家除追求利潤外，並以善念造福員工進而關懷社會。企業經營無法保證勝算，中小企業有賺有賠，虧損累累者比比皆是，逢景氣繁榮時亦有企業虧錢；景氣蕭條時也有經營者脫穎而出，年年盈餘。

　　合璧工業股份有限公司的創辦人─詹其力董事長，可說是一位企業經營奇才。數年前我與詹董事長結識於台北建安國小操場，彼此都有晨起散步的習慣，亦都來自彰化，皆為農家子弟，出身寒微。每天散步相處雖只約一小時，但因談話投機，對於經營管理實務交流，彼此獲益良多。有時因聚焦於某一事件的討論，常常逾越了一小時，樂而忘返。

合璧創業至今，年年獲利。最令人敬佩的是貫徹心腦合一，用心經營，每年營業純益率高達20%以上，且維持穩定成長，獲利新台幣六億元以上。他每年提供盈餘的5%，將近三千萬元，做為回饋社會之用，另外亦提撥其中的25%做為員工分紅入股，共生共榮。他以「施比受更有福」的思維，照顧員工無微不至，明辨是非，精益求精，致力於員工精神與物質雙重幸福，不因地域有所區別，不分台籍或陸籍幹部，年終15個月分紅，傑出幹部更高達150個月。他的善行義舉使得合璧在上海嘉定區被譽為最和諧的幸福企業。

合璧專營冷氣機及汽車零件，其中冷氣機等家電用端子台，年出貨2,600萬組，近年來已成為世界第一。合璧公司製作的產品良率幾近達到100%，致使合璧的冷氣端子台技冠全球，領先群倫，是世界第一品牌。因而日本民間智庫暨出版社「PHP研究所」出版的經營理念專書，評為亞洲八大理念成功企業之唯一中小企業，實在非常難能可貴。

詹董事長今天功成名就，良善的心靈啟發來自於日本近代兩位經營之神，一位是已故的松下電器創辦人松下幸之助，一位是京瓷創始人稻盛和夫，體會到做生意不僅僅是賺錢而已，還要有奉獻、報恩的偉大經營理念。他的所做所為可做為企業的典範，有很多人想了解他的成功秘訣在哪裡？容我歸納提出拙見與大眾分享：

一、以心腦合一的經營理念堅持追求卓越，以決心、毅力嚴格要求品管，使產品達到無瑕疵，不良率降到最低點，使客戶獲

得滿意保證，博得信賴。

二、用人唯才，提倡利他主義，盈餘與員工共享，並倡導全體員工都是一家人的觀念，愛心關懷，激勵員工團結向上，一心一意為公司打拼。嚴以律己，生活規律，家庭美滿；尤其又倡導勤檢，以身作則。每個月往返台灣－上海皆搭乘經濟席艙位，即使出差到上海嘉定工廠仍夜泊員工宿舍，整理洗衣亦不假他人。與員工共享早餐，其樂融融，儼然是一個和樂的大家庭。

三、慈悲為懷，知恩圖報。他身為養子，出身貧困，但力爭上游達到今天的成就。他對於親戚甚至教導他的日文老師，遇到困境總伸出援手，年年贊助，從不間斷，令人讚佩!如今年近八十，淡泊名利，樂施好施。曾目睹一位學弟陷入換腎困境，他毅然捐出新台幣二佰三十萬元，並為他尋醫診治，不辭辛勞，終致換腎成功，使學弟再度生龍活虎。

四、對員工的照顧無微不至。凡員工的急難救助，諸如重病、意外事件，他總是全力救助，不計較金額以救人為第一要務，使很多的員工受惠者及其家屬對詹董事長的善行義舉為之動容，感念不已。

五、他的愛心感化員工，啟動了員工自動自發的精神，大家把公司當為家庭，晨起義務打掃整理，打造溫馨的辦公環境，工廠公園化，隨處可見的藝術品，置身其中，自然士氣大振，可以激發向心力，提高生產力。讓整個公司生發無限的爆發力，使合璧公司源遠流長。

兩年前，我擔任彰商台北校友會會長，特地組團前往上海嘉

定參訪其合璧企業。我們一行人從早上七點起目睹員工自動自發打掃辦公室，修剪花木，令參訪者大開眼界，耳目一新，很敬佩詹董事長的動腦用心，在上海嘉定打造出這樣一座讓員工修煉心靈、享受美好工作環境的工廠。員工兢兢業業、千錘百鍊地創造出鬼斧神工的冷氣端子台，登上世界級的舞台。他今天的成就可說是彰工之光，彰化之光，也是台灣之光。

王義郎

王義郎　董事長

姓　　名：王義郎

籍　　貫：彰化縣

學　　歷：臺北大學經濟系
　　　　　彰化高商

現　　任：

香菇王股份有限公司　　　　董事長

第一名店股份有限公司　　　董事長

亞太天羅科技股份有限公司　董事長

經　　歷：

慶宜證券股份有限公司	總經理
永興航空股份有限公司	總經理
亞信觀光	副總經理
彰化銀行	辦事員

社團經歷：

社團法人臺灣88工商協進會	理事長
臺北大學經濟系系友會	名譽理事長
彰商校友會	前會長

特殊榮譽：

72年榮獲民航局頒發航空業傑出領導人獎

序三
山重水複與柳暗花明的人生之路

我於日據時代1938年，出生於台灣彰化花壇的望族李家，當時祖父還有能力捐地興建花壇國小，也是台中一中建校的捐款人之一。不過，家道日漸中衰，等我小學畢業時，竟然窮到無法繼續升學，不得不過繼給舅舅當養子，改姓詹，才得以就讀彰化初級工業學校。

「富不過三代」，真是令我晴天霹靂，永生難忘！

「俺曾見金陵玉殿鶯啼曉，秦淮水榭花開早，誰知道容易冰消。眼看他起朱樓，眼看他宴賓客，眼看他樓塌了。」

孔尚任《桃花扇》裡這段〈哀江南〉，許多人讀了可能無感，也許最多只是笑笑罷了；但對我卻是刻骨銘心，永難忘懷！

我李姓本家兄弟姐妹共計14人，幾個哥哥因家貧無法好好醫病，正值年輕即相繼往生。一位五歲的小姐姐患急性盲腸炎，因無法籌到開刀費，眼睜睜看著她萬分痛苦地離開人世。母親也因養育14名兒女積勞成疾，經濟上沒有能力送醫，導致長年病魔纏身，長年臥病在床，痛苦呻吟，五十六歲就驟然辭世。從小面臨

許多椎心刺骨、生離死別的情景，讓我深深感到人生道路的坎坷、崎嶇、複沓，一直思索著如何跳脫這種迷濛的人生。

因而我從小就一直渴望著財富、健康、幸福，亦深深地以為「人生的目的與意義」就是財富。財富就是人生的幸福。

我童年成長於日據時代，後來小學、中學接受的也大都是日據時代育成的台籍教師，受到這些老師之關愛學生而深深感動；尤其是「利他精神」的教化薰陶之下，體驗到日本文化好的一面，慢慢轉變了我對人生的看法。

高工畢業後，很榮幸進入「台灣松下」公司服務，除了學習到日式管理外，對「經營之神」松下幸之助的經營之道很有興趣，多年來不斷地閱讀他的書籍，體會到做生意不僅僅是賺錢而已，還要有奉獻、報恩的偉大經營理念。

1970年，我三十二歲，夫婦二人攜手奮鬥，日夜努力開源節流，省吃儉用，積蓄了一點資金（TWD10萬元），又獲得貴人相助，自行簡單創業，本著悲慘的家族背景及努力奮鬥的精神，孳孳矻矻地度過第一個苦難的五年。隨後經企管恩師曾松齡顧問（日本培養的第一位外國經營顧問）介紹，參加日本著名的「田邊經營顧問公司」接受輔導訓練，長達三十五年，更深入地學到「如何」經營及「為何」經營的重要經營理念。

約在1990年代，進一步接觸到「日本經營之聖」京瓷創始人稻盛和夫的經營之道，除了閱讀相關書籍之外，還參與「盛和塾」的研究行列，得與親炙稻盛和夫而披經請益，更悟出企業的目的是創造員工物質與精神之幸福，以及謙虛戒驕、日日反省、

積善行、思利他之偉大的經營哲學。真是如獲至寶。

　　貧困的少年，悲慘的家族，加上兩位聖人及多位高人、貴人之啟發與幫忙，使我對「人生的目的與意義，以及人生的幸福」有著正向的體會，再經過四十幾年之嘗試、實踐、收穫，成為一個簡單的系統與邏輯。總結出「創造利潤，只是經營企業的過程，創造價值、共生共榮、感謝報恩、回饋社會」才是我們經營的最終目的。

　　這是一種頓悟，一種價值觀的大轉折。這個轉折令我想起南宋詩人陸游〈遊西山村〉的兩句詩：

　　山重水複疑無路，柳暗花明又一村。

　　這不正是我一生創業之路的如實寫照嗎？俗語說：「山不轉路轉，路不轉人轉。」不過，人的轉變最可靠的是努力學習與用心思考。我一生每在遭逢困阨之際，就是努力學習，才找到了經營的哲學與理念；我也因為肯用心思，合璧公司才能將經營哲學與理念，奉為圭臬而次第開展，再輔以「禪之5S」作心靈橋樑，開啟工廠人文化、學校化、公園化、藝術化，形塑公司「我們是一家人」的同心同德。這樣長年努力地從經營的目標出發，持續不斷地積極實踐，最後才達成經營的目的。今日才有少許的輝煌成果，可以創造員工的幸福人生，可以造福社會人群（*如下圖*）：

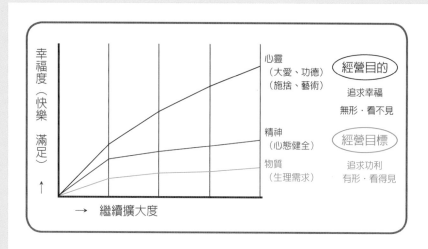

　可見，我們這些成效的展現，都來自於我們的用心與用腦合一之經營哲學，創造了高素質的經營高度，才獲得了完美的成果：

① 得到顧客之尊敬。

② 凝聚員工的向心力，歸屬力強。

③ 獲得協力廠、社會自動的協助。

④ 使近來每年創造超過20%之利潤。並作「共利」的分享：

　　利潤之5%：救濟、協助、回饋社會。

　　利潤之25%：幹部分紅、感謝報恩。

　所謂「逆水行舟，不進則退」，其實，「保持現狀，就是落伍」。如今，我們的經營又要「展開千里目，更上一層樓」，規劃「挑戰百年幸福企業」的計畫。其待合璧公司將在這個願景

下，更進一步地發展出「挑戰百年幸福企業」之經營哲學與理念，使業績能夠「百尺竿頭更進一步」，創造員工更大的幸福，對社會作更多的回饋（如下圖）：

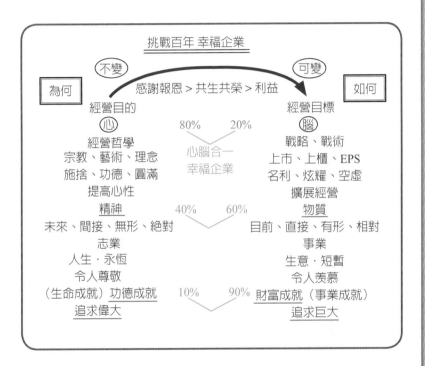

多年來我在國內各地（包括台灣）的學校、社團，以及來廠參觀的團體作演講，不下百場，人數超過3萬人以上，獲得廣大的回響。「回響」就是肯定，也是認同。讓我相當雀躍，因為我四十多年來的小小努力，竟然有這麼多的「志同道合」之企業同好。因此，我進一步深思，畢竟演講的只是一些皮毛要點，參訪

都只是少數的一群。我是否應該讓我的這些哲學理念，擴大影響的層面，甚至一次到位，才能對社會國家產生更大的力道？至少我有好東西，能夠讓更多的朋友分享。這應該是為人的一種本分。

就在我左思右想之際，本書的作者二林社區大學校長謝四海特地於2015年8月24日專程到上海參訪。謝校長本來是為著撰寫《論語與企業》一書聞名而來。參訪之後，對於我處世有哲學、經營有理念，收到如是巨大的經營成果，大感驚訝。尤其可以四十多年而年年成長，年年賺錢，讚不絕口。竟然稱我為「中國經營之哲」，譽我可與日本「經營之神」松下幸之助及「經營之聖」稻盛和夫而比肩並列、相提而論。這些溢美之辭實在讓我誠惶誠恐，愧不敢當。隨後謝校長又來台北的本廠參訪了數次，認為合璧公司的經營理念與企業文化，值得廣為宣揚，作為全天下之「中小企業」的楷模，讓大家來一起來師法。他以為如果全中國的企業都能成為合璧第二、第三、第四……，家家都「創造價值，共生共榮」，行行都「感謝報恩，回饋社會」，那麼全國自然都「心正、身修、家齊、國治、天下平」了。因此，建議先撰寫《從論語學會經營哲學》打先鋒，激起風潮，以收大效。作者有主導權，我也不便置喙了。

我只是一個平凡人，做的都是平常事。書中謝校長所提到的：不論是我的特質也好，經營成果的展現也好，其實都是大家都能夠做得到的，甚至都可能做得比我還好。只不過我比較「用心」，經得起吃苦、耐勞罷了！譬如我可以放下身段，耐心去擦

拭樓梯、去打掃員工的廁所，恐怕是大家不屑一顧的。謝校長又說我有四項法寶：「廁所哲學」、「龜毛哲學」、「雞婆哲學」、「烏龜哲學」，可以徹頭徹尾地發揮了苦心、細心、熱心、恆心的大功效。談來可真是入木三分，於我心有戚戚焉。說真的，我就是用這「四心」哲學去感動員工、去引動熱情；去贏得員工的五體投地，去贏得協力廠商的驚訝與尊敬。謝校長說這是我經營企業的不能公開之祕訣，其實，每一項都那麼簡單、那麼平常，那麼粗俗，那有什麼機密可言？只是說來容易，但要長年堅持做下去，做得徹底，做得大家都愉快，這可就需要大家「八仙過海，各顯神通」了。所謂「非知之艱，行之惟艱」，就是這個道理。

古人說：「家有敝帚，享之千金。」我不敢說我這些破掃把，非常寶貝，可以清掃天下的馬路；但我要誠懇的告訴大家，這支敝帚在合璧用了四十多年，用得稱心如意，經久彌新，好用得很。所以不揣淺陋，斗膽當個「野人」，拿出來「獻曝」一番，其實只是個人的一份熱心，也是一番苦心而已。

詹其力

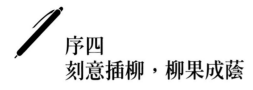

序四
刻意插柳，柳果成蔭

洪和昌　董事長

　　今天全世界的中小企業占約七、八成，但管理哲學體系完整的卻不多，而且是相當缺乏的一個區塊。致使企業組織無法充分發揮應有或更大的功能。世界市場很競爭，組織體能不能發揮影響到成效，甚至成敗。

　　不過，我所認識的合璧電子公司，從其個人之人生處世哲學：「發上等願，結中等緣，享下等福；擇高處立，尋平處住，往寬處行」，到公司的經營理念：「不斷地思考與行動，誠信銳變創新卓越，創造價值共生共榮，感謝報恩回饋社會」，落實到企業組織體的實際運作，可說系統一貫，頗為完整；並且在實務運作上得到再三的驗證，成效非常卓著，可以成為世界中小企業的典範，值得企業經營者的借鏡。

　　詹董事長的哲學起源自世界三大文明。人與人的關係源自於中國文明──孔子，合璧公司對應的哲學為「誠信、感謝報恩、回饋社會」。人與自然的關係源自於希臘文明──亞里斯多德，其對應的哲學為「真、善、美，共生共榮」。人與神的關係源自於印度文明──釋迦牟尼，其對應哲學為「天人合一、禪」。合璧公司將這三大文明的哲學思想落實在企業中，經營四十幾年，

不管景氣起伏興衰，業績奇蹟式地年年成長。每年營利25%分紅員工，5%從事公益，數十年從不間斷。同時將工廠設計成公園化、藝術化、人文、學校化，採

▲序者洪和昌2014.10.24在88聯誼會致詞

身、心、靈情境教育，以「我們是一家人」的同理心，一起教育員工，也一起追求幸福，躍然獨樹一幟。尤其德澤及於員工與員工家屬的急難，誠然是全球少見的工廠。

中國道家有《道德經》，儒家有《論語》，佛教有《金剛經》、《華嚴經》，回教有《可蘭經》留傳後世。而儒家只有《論語》一部經典。詹董事長帶領著團隊，運用了佛教與儒家的經典，屢屢創造了奇蹟，成為本書經綸的重點；這個重點應是大家借鏡的樞紐所在。

我有鑒於此，幾年前就建議詹董事長應該將此經營模式撰寫成書，並拍成影片，作為世界中小企業經營的學習典範，造福世界，留傳後世。尤其能夠被日本松下政經塾PHP出版的經營理念專書，評為亞洲八大經營理念的成功企業之唯一中小企業，實在非常難能可貴。因此引薦國內企業管理大師陳定國博士（華人

第一位拿到美國企管博士）參訪上海合璧，陳博士見識企業無數，眼光獨到，獨獨讚譽合璧公司是唯一符合他的「三良企業」理論之公司。

▲序者與陳定國教授、詹董事長合影

又由於詹董事長推展「禪之5S」的成功，非常類似台灣新北市土城區承天寺的廣欽老和尚（世稱水果禪師）的修行風格，我特別推崇而稱他為「企業禪師」。本想以此為主題，為他規劃一本著作，可是禪學造詣之作者難尋，遲遲沒有付諸行動，時常深以為憾。

因而才又再度引薦恩師──台灣二林社區大學校長謝四海，特別於2015年8月參訪上海合璧公司。謝校長終身從事教育，是位國學大師，尤其對孔孟思想曾作深入研究。經過實地踏訪觀摩，謝校長認為以「從論語學會經營哲學」著作，非常符合經營現狀，相信對目前世界的中小企業界之經營，應有很大的幫助。同時一方面能發揚合璧的經營理念，一方面又能闡揚儒家的思想，收到教育大眾之功，可以畢兩功於一役，善莫大焉。他經過一年半的殫心擘劃，終於即將出版，我亦榮幸始終參與其中。

古人有謂「無意插柳，柳成蔭」，而我卻「刻意插柳，柳果成蔭」，實感與有榮焉。也特別向兩位方家致最大的敬賀之意。

台北市彰工校友會　第九屆理事長

洪和昌

2016.09.18

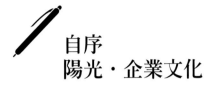

自序
陽光‧企業文化

作者　謝四海

「終於草就了老來的問學心得《從論語學會經營哲學》，心情似乎輕鬆了許多。」清晨望著冉冉而起的曙光，不禁精神一振：心想，這片陽光如果照徹每一家企業，然後慢慢布展開來，這片光芒不就更照亮了整個社會嗎？不錯，企業的陽光就是企業文化！

大家都知道，人類的生命有三大寶：那是水、空氣和陽光，「缺一」都會要人的命，毫無妥協的餘地。

企業的生命也有三大寶，那是資金、智慧、文化。

資金就像人類生命中的水，必須無時無刻在企業體中流動著，枯竭了立即停擺。

智慧就像人類生命中的空氣，必須隨時充電，才能適時生發戰略、戰術，在商場打勝仗，求得生存與發展；否則，只能維持現狀，最後一定難逃「落伍」、甚至「敗者淘汰」的命運。

文化就像人類生命中的陽光。陽光帶給人類的本來就只是一種感覺、一種精神，一種力量，可以帶來溫暖，帶來希望與健康。不過，即使沒有陽光，也可以苟延殘喘一段時日。但要注意，人在陰暗冰窖中的日子是不會「享受」太久的。

而企業文化是企業經營者與員工共同努力所創造出來的信念、精神、態度，以及一切處事的方式，是公司成員一致認同的價值觀、願景與使命感，可以形塑成為成員的行為規範，凝聚團隊的意志，促成團隊一致的意志力，生產力自然源源不絕。

　　尤其企業的動力是員工，員工的動力是能力與精神。企業有特殊的文化，員工會因文化而生價值感，因認同而生向心力，因同心同德而增進效益。這分全體員工的精神力道足以合成公司所有的資源，肥沃整片土壤，讓企業向下扎根，又迅速向上發展。

　　試想：這樣的企業，可以時時充斥著溫馨的陽光，撫慰著成員的心房，公司自然活力洋溢。這樣，自然又獲得協力廠商、客戶的感動與尊敬，增加公信力。這樣不就水漲而船更高嗎？

　　不過，員工的能力要靠培力，員工的精神要靠文化，至少各有五成的張力。所以企業文化直接關乎企業的成敗，切勿小覷！

　　反之，企業經營如果撇開文化不管，只是一味地注重生產、賺錢，再生產、再賺錢，或許也可以像沒籠頭的野馬，狂奔飛躍，亮麗個一段時日；不過，可能也只有一段時日。試想：水面的浮萍，一陣狂風吹去，不也是如此嗎？風停了怎麼辦？所以企業沒有文化作根柢，即使不隨風而逝；也可能像植物吸收不到陽光的能量，就是有再多的資源也無法合成與發揮，徒多也枉然！

　　筆者原來為了試寫《論語與企業》一書，查閱了許多書刊，在我國古籍與企業相關的論著中，《易經》、《孫子兵法》、《墨子》、《戰國策》等書數見不鮮。但都偏於經營的「戰術」、「戰略」，少關文化層面。且企業的戰術、戰略都只生發

了經營者的戰力；而企業文化所加持的是全體的成員，孰輕孰重，不言可喻！

我一向對我們的文化頗有信心，不相信「外國的月亮比較圓」。但當我尋尋覓覓，翻到日本相關企業的書籍時，真的嚇呆了！日本竟然有一本澀澤榮一的《論語與算盤》，直接叫出了「論語」兩字！其他如「經營之神」松下幸之助、「經營之聖」稻盛和夫、「幸福科學」大川隆法，也一致肯定孔子思想在企業經營上的價值。

我長久的疑難，頓時恍然大悟了——無怪乎一個世戰的戰敗國，不到三、四十年，經濟的實力竟然躍居世界第二、三。原來因為日本的企業很注重文化的經營，尤其特別重視我國儒家的「義利合一」之道。植物種在肥沃的土地上，當然成長快速！

拋卻自家無盡藏，沿門托缽效貧兒。

一個「客製化」的國家「能」；為什麼「所在國」「不能」？原因何在？王陽明〈詠良知〉的這兩句話應該就是答案！

當時，我突然憶起，我國中的一位學生洪和昌（現任昌傑顧問公司的董事長），曾經提過一位他的彰工學長詹其力，企業經營得很成功，經營的策略「很日本」，也「很《論語》」，也曾寄來一些書刊。我才仔細翻閱，竟令我欣喜欲狂，趕緊託他引見。如此這般，便促成了我2015年8月24日上海榮幸之行，也促成了此書的因緣。

記得當時一踏進合璧電子公司，令我大開眼界，見所未見：

整個廠區如煙似霧，千花萬朵；千年百年的大樹，蒼蒼翠翠，令人目不暇給。

尤其裸女塑像、石碑名言，掩映其間；孔子、佛陀、亞里斯多德，竟然昂然在列。

清晨七點鐘，〈藍色多瑙河〉響起，全體員工總動

▲合璧公司為筆者認養一樹並立碑紀念

員，清掃廠區、排隊早操、朝會訓話，一絲不苟。唉！竟然一時讓我回到從前的國小時代。難道這是一所學校？

聽說這裡的員工，提前一小時來打掃廠區是義務、自願、自動的，是一項「禪之5S」的心靈修煉。多麼別致的名詞！

聽了公司的簡報，更讓我瞠目結舌，大為震撼：

（一）合璧公司四十多年來的業績是年年成長，年年賺錢。

近來每年創造超過20%之利潤。中小企業有此效益，誠然令人咋舌。

（二）公司在「利他」與「共利」的分享胸懷下，每年利潤之25%，作為幹部員工之分紅、感謝報恩。全公司不到800位的員工，大家能共享的數字，不言可喻。

（三）公司每年利潤之5%，提供作救濟、協助、回饋社會之用。數目也達約500萬人民幣，能夠從事很多公益，功德可以無量。

（四）公司推展「關心、關懷、關照」的制度，創造了「我們都是一家人」的溫馨，打造了一個向心力、凝聚力的極強的部隊。

不錯！合璧的經營就是這樣創造了價值，與員工「共生共榮」；也如實地實踐了「感謝報恩，回饋社會」。獲取了員工、社會的肯定。聽說更獲得了中、日兩地的許多中小企業青睞呢！

無怪乎看他們的員工，個個精神煥發，人人兢兢業業，誠然達到了「同心、同德、同步、同調」的境界。這不正是企業文化所形塑的一片陽光普照嗎？我不禁驚呼：這正是由功德的文化，創造了仁德的大業了。相信這片片燦爛的陽光也會閃耀在每個協力廠商、客戶，以及來訪的貴賓臉龐。

孔子說：「仁者愛人。」又說：「仁者己欲立而立人，己欲達而達人。」合璧的這種功德文化，不正符合儒家的仁道精神嗎？因此。我更相信如果全中國，甚至全天下，家家企業都經營到這樣的仁德境界，那麼普天之下，便是一片陽光普照的天下

了！

　　誠然，當年孔子看到天下滔滔，民不聊生，毅然帶著弟子周遊列國十四年，為的是要勸導各國諸侯實行仁政，以強國富民。不過，今日是「知識經濟」的時代，必須以「經濟」的手段來強國富民。「富之」然後「教之」，才是今日「治國、平天下」的不二法門。而儒家的「仁道文化」，施之於企業，正可以「富之」、「教之」雙管齊下，一次到位。無論對企業本身、對社會國家都是一把大利器。不過先決條件：經營者的發心、眼光、氣魄，而且以身作則。

　　就如合璧公司的詹董事長一般，自己先以苦心、細心、熱心、恆心作好「榜樣領導」，建立好的待遇制度與領頭羊角色，再使工廠藝文化、教育化、家庭化，進而建立了「感謝報恩，回饋社會」的高度。能夠這樣，只要假以時日，公司自可上下同心、同德、同步、同調，匯成一道洪流，萬鈞活力。這不正是洪和昌董事長所說的「刻意插柳」而「柳果成蔭」之境界嗎？

　　因此，我臨時改變了主意，決定暫緩《論語與企業》之筆，先寫《從論語學會經營哲學》，希望先宣揚合璧創造企業文化的成功偉蹟，以作為其他企業的典範。只是駑馬柴車，筆駑鋤鈍，恐怕心有餘而力不足。尤其更榮幸地受聘為「儒學顧問」，並為我認養一棵樹與立碑紀念。如此榮幸，我更不能不竭盡駑鈍，全力以赴了。

　　這個因緣最應感謝的應是合璧工業公司的董事長詹其力。因為他毫無保留的導覽與提供充分的寶貴資料。又進而與第一名店董事

長王義郎、昌傑顧問公司洪和昌董事長的一再鼓勵之外，又更協助集思策劃與提供高見，更鼓起了我的大膽嘗試。更感謝台灣第一位美國教授的企管博士陳定國教授之不吝賜教，也一併致謝。

　　雖然筆者過去曾寫了不少的國中、高中職的國文參考書、教科書與《中國文化基本教材》，但正式嘗試社會書籍，這還是第一次。儘管誠惶誠恐地花了經年的歲月，但才疏學淺，疏漏難免，敬請學界、企業界之方家，多多指正，無勝感銘。

本書作者　　謝四海

TENTS

第 1 篇

我發現了成功經營的光亮

——「眾裡尋他千百度」
上海遊屐
驀然驚見中小企業的一片光亮處

第一章　我遇見了中國「經營之哲」

　　我日前有幸曾於宴會上與合璧公司董事長詹其力（以下簡稱詹董）有一面之緣，一週後承蒙厚愛，受聘為「儒學顧問」。這次為了試撰《論語與企業》一書，特地於

▲作者與詹其力董事長上海相見歡

2015年8月24日專程到上海作參訪學習之旅。參訪過程，無處不令人大開眼界，無處不令我震撼與驚訝：驚撼於在今日這「人慾橫流，天下滔滔」的世界裡，竟然還有這種「功德企業」，誠然是聞所未聞，見所未見。

　　詹董綜合了「世界三大古文明」的精華，建構了他的處世哲學與經營理念：由印度佛教文明釐出「天人合一」的概念；由希臘亞里斯多德之哲學理出「共生共榮與真善美」的理念；由中國孔子思想釐出「感恩、報恩、回饋社會與誠信」的人生理想，作為經營的三大價值觀，創造了「國際級企業」的奇蹟。其實，依照我參訪所見，他應該還是以孔子的思想為主幹而發枝展葉，再延伸到「共生共榮」、「天人合一」的境界。

　　詹董最令人激賞的是他的處世哲學：「發上等願，結中等緣，享下等福；擇高處立，尋平處住，往寬處行」，所以他一生可以「安儉樂道」而開創企業的高峰。其次是他的經營理念：「創造價值，共生共榮，感謝報恩，回饋社會」，因而他的一生

可以創造「功德企業」而「恩德廣被」。

子曰：「若聖與仁，則吾豈敢！抑爲之不厭，誨人不倦，則可謂云爾已矣！」《論語・述而》

孔子認爲「聖與仁」的境界太崇高了，不敢自居。但仍努力去學習，並拿「聖道與仁道」去教導學生。可見他立志高遠，努力實踐。今日我們以此高度來看合璧：詹董之「發上等願」、「擇高處立」，不就是「立志高遠」嗎？詹董之「結中等緣，享下等福」、「尋平處住，往寬處行」不就是「力行不輟」嗎？此其一。

其次，詹董最令我驚訝的是他的「感恩回饋」：合璧公司每年的利潤分配：25%作員工福利，5%作回饋社會；2014年終分紅，本社部幹部最高150個月，上海幹部最高15個月。每年提供200～300萬人民幣爲救濟協助工作，每月救濟都在40人左右，接受救濟最久的有28年。40年來救濟、協助、回饋金額高達8,000～12,000萬人民幣。這個數目誠然足以令人咋舌！

尤其，詹董的「感恩回饋」更延伸到員工所有的家屬，凡家屬不幸遭遇困難、急難，詹董無不立即伸出援手，不計多少，救人第一。所以在合璧刊物《合璧流》裡面的文章幾乎都是洋溢著受到照顧者的滿滿感激。這些數字、這些善舉，著實令人震驚。令我不禁要問：「詹董到底何許人也？」「合璧到底是怎樣的公司？」所以促使了我今日跨海之行。

子貢曰：「如有博施於民而能濟衆，何如？可謂仁乎？」子曰：「何事（止也）於仁，必也聖乎！堯、舜其猶病諸！夫仁者，己欲立而立人，己欲達而達人。」《論語・雍也》

　　依孔子的看法，「博施濟眾」是聖人的境界，而仁者只是「己立而立人，己達而達人」而已。其實，仁者這種「推己及人」的心胸，正符合了亞里斯多德的「共生共榮」的理念，這已是非常難能可貴的德澤。今日我們再以此高度來看合璧，詹董以為：「創造利潤只是企業經營的過程，企業經營的目的應是「創造員工物質上的幸福、精神上的滿足。」這不正是孔子「己欲立而立人，己欲達而達人」的仁者胸襟嗎？孔子說「博施濟眾」是聖人的境界；如果說「企業就是一個小邦國」，那麼詹董不僅德遍員工，而且更澤及家屬，這不正是「博施邦民，救濟邦眾」了嗎？如果再套句孔子的話：「何止於仁，必也聖乎！」那麼詹董的境界不是可稱為「企業之聖」了嗎？

　　再回頭看看詹董自己的修為。他一部富豪VOLVO開了將近三十年，他台灣的房子也三十多年不曾整修，他乘飛機不曾坐商務艙，他的皮鞋時常穿到開口笑、西裝也常見脫了線；尤其他一個

▲詹董開了將近30年的老爺車

月的生活費不到1萬元，但每個月可以捐出2、300萬做功德。

　　這又令我思想起孔子曾自述說：「飯疏食飲水，曲肱而枕之，樂亦在其中矣。」也稱讚顏回「一簞食，一瓢飲，在陋巷，人不堪其憂，回也不改其樂。」為有賢德。這種修為是「安貧樂道」的境界。但詹董是大企業家，家財萬貫，而卻自奉如此刻苦

儉約，應該稱爲「安儉樂道」。但「貧而樂道，易；富而安儉，難。」因爲富而能儉是「正心」、「修身」與「克己復禮」所修養的恬淡心境，絕非容易之舉，更非一般富人所能爲。所以大企業家像詹董一樣，還能「克己復禮」、「安儉樂道」者，天下恐無幾人？

　　其實，天下事都是「其來有自，成敗由因」。人之天生聰明睿智，不能保證一生一定順遂；計畫良善也不代表事業一定成功。當然我們已經知道合璧的成功是肇造於詹董的處世哲學與經營理念。但哲學與理念只是一盞明燈，提示與指引，邁進的執行過程才是關鍵。因此，爲了探討合璧成功的深層之蛛絲馬跡，我覓覓尋尋了兩天，跟著合璧員工的呼吸，一步一腳印，總算多少有了些許的突破，看官不妨耐心地聽我慢慢道來。

　　8月25日清晨六點許，上海的天還是矇矇亮，萬里朦朧。這時合璧的員工三三兩兩，踏著〈藍色多瑙河〉的古典音樂之節拍，陸續出來了，面帶笑容，匆匆而行，很少談天說笑，看到董事長與客人，都微笑地點頭或問聲好，一派活力洋溢、生趣蓬勃。一看就知道這是一群訓練有素的生力軍。

　　我和詹董一起參加了員工的自助早餐，整個餐廳窗明几淨，坐滿了白衣黔首的員工，卻聽不到吵雜聲，看不到有人

▲詹董為員工的早餐夾荷包蛋

手肘扒在桌上；詹董還起身夾荷包蛋給員工，問：「你有沒有吃過董事長的蛋！」幸運兒總是報以一絲會心的微笑。不久，大家又匆匆一溜煙似地作鳥獸散，椅子全部歸位，桌上看不到一絲飯渣。我不禁疑惑：「這裡難道是一所軍校？但軍校沒有這份自在悠然呀！」

　　七點鐘，我們把廠區巡行了一周，廠裡廠外，全數動了起來，只見掃、拖、拭、抹……個個打理各自的一份事兒，那一份專注、一份懇摯的表情，令人感動。而更令我側目是在擦拭樹葉與蹲在角落擦抹的員工，沒有些許的旁顧，我們走近了似乎還沒察覺。詹董說這些員工十多年來都是每天自動提前一小時到廠作清潔工作，而且澤及周遭的馬路，沒有津貼，完全義務，出席率達99%以上。這是公司推展「禪‧5S」之心靈禪修的成果。公司不必僱用清潔工。我更驚訝，驚訝這一群志工，真的比台灣花蓮的慈濟志工更「慈濟」。台商都說大陸員工很叛逆、不好管，難道合璧的員工都恢復了人性本善，成了孔孟的信眾、釋迦的佛緣人嗎？這時讓我體會了真正的「天下無難事，事在人為」。

　　八點鐘，全體員工井然有序地集合在前庭，配著日本NHK音樂做體操，結束後女生離開，男生伏地挺身30下。俗云：「健康是事業的根本。」合璧

▲員工天矇矇亮時就開始「禪‧5S」修煉

是鍛鍊員工的體魄，作為提升工作效率的資本。這裡可以探見企業家的高瞻遠矚。不過，假如女生再來場心靈舞，應更錦上添花。最後是朝會，董事長作精神講話。讓我憶起了小學、中學時代的升旗典禮，學校每天都一再地耳提面命，雖有點囉唆，但對品德教育確有立竿見影的效果，甚至可以成為終身的習慣，好處多多。但這一良規，台灣已經全廢止了，美名曰超歐趕美；其實是創造了更多的飆車族、暴走族、吸K族，以及子弒父、生毆師的戲碼；但如今卻在大陸的工廠復辟，令人不勝噓唏！

　　會後，工廠啟動了，近千的幹部、員工各就各位，兢兢業業，全神貫注；輕車熟路，手腳敏捷。生產的都是雲端零件，行銷的盡是像三菱、豐田之國際大廠，無人可匹敵；即使有人模仿，也難以銷售，所以也不怕競爭。有數項產品或領先全球，或冠於亞洲，獨領風騷於國際。考核制度又極其嚴謹，是另樣特色：譬如班班有績效考核，天天公布。但對未達目標的員工，盡是勉勵代替苛責。其中最令人印象深刻的是主管每天對員工身心狀況，都有觀察紀錄，也天天公布。管理到如此細膩，試問：世界能得幾家？

　　接著，我在林生富經理陪同下繞廠一周，參觀廠區。整個廠區公園分為「君子賦」、「春之聲」、「夏之憶」、「歐洲園」、「東瀛風」及「靜心園」六個主題，到處是蒼松翠柏，綠蔭蔽空；到處可見喬木、亞喬木、灌木，以及數不盡的花花草草，片片綠草如茵。無怪乎詹董敢公開宣布，廠區內一年四季，誰能計算出沒有10萬朵花以上者，可前來領10萬元獎金。而且還有百年銀杏，千年紫薇，長長久久，與人永續經營的想望；尤

其有一道「靜思小徑」，緊臨河邊，曲徑通幽，兩岸垂柳，絲絲飄蕩水面，柔媚可人；但兩岸卻不同風光：合璧這邊，棵棵筆挺，高低齊一，毫無缺口；對岸則東歪西斜，忽高忽低，零落處處：一河

▲請看！「靜思小徑」一徑通幽

兩岸，懸殊很大。可知合璧曾經人工護樹，才得如是妖豔邀人。如今閒步其間，頓有洞天神遊之感。園區更有二、三十尊名人雕塑，孔子、佛陀、亞里斯多德當然不在話下；更多的是美女，如維納斯、秋之神、花神……，足以令人興思古之幽情。而且美女中不少是西方裸女，點綴其間，更煥發了盎然的生意。聽說有人質疑詹董是否有「寡人有疾」之特殊癖好？殊不知藝術之美，超凡入聖，只能給有緣人賞玩，不足為俗人道耳。

尤其園區還有非常特殊的「三景」：

一是石碑：廠區到處可見，碑上刻鏤了詹董的處世哲學、經營理念與倫理格言，譬如「共生共榮」、「感謝報恩」、「回饋社會」、「天人合一」、「誠信」、「父慈子孝」、「感恩惜福，廣結善緣」……，似乎中華文化之復興要從這裡起步！

二是立碑：凡前來合璧參訪的師長、顧問，詹董都為他們立碑於靜思小徑，永為誌念。第一個立碑的是洪和昌顧問，而最顯眼的是詹董的小學老師與彰化高工的歷任校長。「飲水思源」最是感恩報恩的最高層次，詹董作了最好的示範。

三是植樹：凡前來參訪的師長、顧問，每人都在廠區大道旁認養一株，表示為公司種下盎然生機，象徵生生不息。

我也忝為儒學顧問，亦託前輩之福，追隨驥後，獲此榮幸。碑上是以「其力」冠首，撰一聯語，謹為贊頌云：「其推仁德業，力濟佛緣

▲2015.8.25當天清早還舉行了揭碑儀式

人」，謹為贊頌。並撰絕句一首，冠首以「其力合璧」，詩云：「其匡世道推仁業，力挽仁心廣聖禪；合協勞資欣兩利，璧輝宇國潤千田。」皆以詹董之德業立意，可謂意符其實，頌稱其份。

不過，我想假如「靜思小徑」的柳樹上，每棵掛上一句名人語錄，應該更會收到「潛移默化」的制約功效。假如再增加一條「儒學步道」，應該可以塑造更多堂堂正正之中國人。

再接著是與幹部、員工座談。幹部個個精明幹練，口才伶俐，反應敏捷；對公司經營，透徹深入，鉅細靡遺；對問題分析，有條不紊，面面俱到；對未來發展，深具信心，企圖強烈。可說人人都是將帥之才，可以南征北討，衝鋒陷陣。我想，有這般鋼鐵陣容，要叫合璧不賺錢，真是「難於上青天」了！

由員工之座談，發現合璧照顧員工真是無微不至。不少員工到合璧時已經是第二站、第三站，而離開原廠的因素最多的是原來工廠冷漠，只求績效，沒有絲毫的溫暖。但合璧不同，新進人

員都有學長制，主管也很關心、關懷、關照，時常噓寒問暖；董事長又會發紅包，更可以與他合照。尤其常常收到台灣本廠幹部的關懷電話，三節又都會千里送鴻毛，禮輕情意重，非常窩心。因而很多年輕人一到合璧就定住了，一住就是好多年。員工流動率小，工作純熟，生產力就大，這也應是合璧營運長年扶搖直上的一大因素。

以上點點滴滴，都是個人眼中合璧園地的枝枝葉葉，都只是合璧成功的表象。其實，探訪最重要的應是合璧成功的深層要素，我綜合了上述各種表象理出一些前因後果，得到幾點淺見：

一、**高瞻遠矚，以古人為師，以世界為校**：健全處世哲學，建構經營理念，引領公司正向發展。

二、**處世有崇高理想，做事具平實精神**：經營具寬廣的胸襟，利潤有分享的雅量，更拓展了回饋社會觀：足以凝聚員工的向心力，獲取社會的普遍認同。

三、**注重培養人才，儲備了精英庫**：積極加強幹部教育訓練，提供國內外見學的機會，擴展國際視野；督促月讀一書，嚴審讀書心得，數年如一日，見識增長一定不少；並鼓勵進大學進修，使人人精進不

▲筆者致贈詹其力董事長的一首律詩

已，蔚成將帥之才，內可運籌帷幄，外可決勝千里。

四、**提升幹部人生品味，嚴管品德修為**：定時向員工精神講話，

端正思維，砥志礪行，澹泊人性貪婪的欲念；而且嚴禁賭博、買股票、包二奶。台幹到上海，美名曰派車服務，而行監控之實。務使人人潔身自好，誠信講禮，增進公司信譽，讓協力廠商安心放心。

五、**豐厚員工待遇，倡導人性關懷**：設立各種獎勵制度，提升員工物質的幸福感；又營造上下互相關心、關懷、關照，一片和諧，創造「工廠一家」的溫馨，增強了群策群力的同心力。

六、**提倡「禪・5S」，淨化心靈**：美化廠區環境，陶冶心境；播放古典音樂，調劑精神，柔化心性，營造一片平和氛圍。

七、**高智能的研發能力，不斷創新，雲端產品領先國際**：堅強的研發將帥與行銷部隊，可以挺進國際大廠，使無後顧之憂。

八、**堅定的貫徹力，積極的執行力**：行銷處世哲學，推展經營理念，一絲不苟，貫徹到底；說到做到，誠信不欺，建立絕對的公信力。

九、**領導階層以身作則**：以人格領導、人性管理、王道施政，德化教育非常成功，幹部員工無不心悅誠服。

十、**領導人的哲學修為，光風霽月，可以化民成俗，感召良深**：全體幹部、員工潛移默化，整個公司形成「溫柔敦厚」的企業文化。

　　早年希臘實行城邦政治。亞里斯多德的老師柏拉圖，提出了「理想國」的概念，英語翻譯為「烏托邦」（Utopia），這個理想國（城邦）屬小國寡民，國民分為哲學家、戰士、農民三等。哲學家必須具有超人的智慧與體魄，是國家的統治者，以建立完

美的社會、政治和法制體系，形成一個最理想的完美之共和國。科文雙棲的作家陳之藩稱這個哲學家國王為「哲學家皇帝」。

今天有人說：「一個企業就是一個國家的縮影。」以此角度觀之，合璧企業也可以視為一個烏托邦，詹董的哲學修為又高，足稱「哲學家皇帝」而有餘。今日合璧的企業文化，就是詹董的處世哲學所凝聚的結晶。近世經營學泰斗松下幸之助稱為日本的「經營之神」，稻盛和夫稱為日本的「經營之聖」。今天我有幸參訪了上海合璧公司，我赫然發現了兩岸也有一位中小企業的經營泰斗詹其力，可以與日本鼎足而三。由此推之，我們也可以稱詹其力為中國的「經營之哲」，應該也是名副其實。

因此，今後我們更應該將中國「經營之哲」的經營理念廣為宣揚與推展，形塑中國另類的企業文化，發揚於亞洲，光大於世界。這不僅是合璧的榮光，更是兩岸三地的無限光芒。

第二章　封面故事──我的九個發現

孔子頌

天賦斯文頌宣尼，傳承堯舜作先知。

周遊列國昌仁政，弘教群徒就聖師。

道統千年憑廣被，宇寰萬眾競迷癡。

於今企業興文化，儒學儒風最合宜。

一、我發現了孔子思想將是世界企業文化的指南針

君不見今世社會，父子相殘，夫妻反目，兄弟對簿公堂，朋友翻眼成仇；貧痛的事比比皆是，貪瀆者則濟濟多士；國際又強凌弱，眾暴寡，風雲日緊。試問：天災人禍，幾時能休？有心人無不憂心忡忡，國際學人也紛紛提出對症良方，卻多把希望寄在東方：

▲山東孔府大成殿孔子像

19世紀英國哲人羅素說：「中國至高無上的倫理中的一些東西，現代世界極為需要。」

日本「明治維新」近代化實業之父澀澤榮一著《論語與算盤》，主張一手持《論語》，一手撥算盤，兼顧道德與財富，提出「義利合一」的經營理念，對日本企業的興起，影響至鉅。

1988年全球75位諾貝爾獎得主在法國巴黎會議上，瑞典科學家阿爾文指出：「要拯救全球社會風氣敗壞的現象，必須尋回

二千多年前東方孔子的智慧。」會後並作成宣言。

　　2009年是孔子二千五百年誕辰，美國眾議院通過一項紀念思想家孔子誕辰的議案，讚揚儒家思想對世界人文社會的貢獻。以361票對47票獲得通過。

　　試問：這些世界級的哲學家、實業家、科學家、國會議員都這樣高瞻遠矚，一致讚揚孔子思想是救世良方，你還可以存疑嗎？

二、我發現了經營之哲已經改變了中國人的習性

(一) 2014年1月7日《天下雜誌》第539期「雙週焦點」報導：

> 中國人最拜金？
>
> 報導說：法國市場公司易普索（Ipsos）調查20個國家，超過了16,000人的價值觀，題目「用擁有的東西衡量成功」，中國有71%認同，居世界第一。印度58%、韓國45%、日本22%。最低的是瑞典7%。所以認為中國人最拜金。

　　朋友！這項報導你同意嗎？我們這裡告訴你一個鐵的事實：

　　經營之哲經營上海合璧企業完全改變了中國人的習性；他們推展「創造

價值，共生共榮，感謝報恩，回饋社會」的理念與「禪‧5S」

的心靈修煉，非常成功。員工每天都提早一小時到工廠義務清掃工作，甚至連工廠周遭的道路、水溝都不放過。早晨等NHK的音樂響起，全

體員工就在矇矇亮裡的廣場做起體操。員工的出席率超過99.5%。

　　試問：每天1小時的無薪工作，以每週上班5天計，一年等於作了32.5天的白工。如果是你，你樂意嗎？或許偶爾一、兩次，你還可以勉強接受，但如果是長年累月地義務下去，你受得了嗎？然而筆者曾經前往上海造訪，和員工們一起呼吸了一整天，看到他們的幹部、員工，人人掛著笑容，聚精會神地忙碌著。

　　試問：有中國人這樣的犧牲奉獻，會是拜金嗎？或許不能「以一概全」，應該再把樣本擴大一點。不過，我要強調的是眼中的事實。至少可以說「中國人可以不拜金」，合情吧！

(二)《中時電子》2013年11月9日報導。《旺報》也這樣報導過：

陸員工敬業度　全球倒數第1

▶ 蓋洛普調查僅6% 遠低於13%均值　網友嗆：先加薪　█記者張雅婷／台北報導

報導說：美國民意機構蓋洛普公司公布2011～2012年間調查142國家員工的真正敬業度：巴拿馬37%最高，哥斯大黎加33%、美國30%、韓國11%、日本7%，大陸只6%，居全球倒數第一。

　　朋友！這說法你相信嗎？我們這裡告訴你一個眼見爲憑的事實：

　　筆者曾於2015年8月造訪合璧企業上海廠，走訪各廠區，看到員工無不兢兢業業，井然有序；並沒無精打采、閒聊打混的現象。看不到一點「不敬業」的痕跡！個別訪談，發現他們彼此之間互相關心、關懷、關照，一起同心、同步、同調，非常和諧。

　　無怪乎辦公室有一座2012年當地政府頒贈的「勞動關係和諧企業」獎牌。聽說是當地政府視察合璧公司後，特地頒給的。

　　試問：能榮獲當地政府特別頒給的第一面「和諧獎」之公司，員工會不敬業嗎？這或許是合璧的員工受到經營之哲的教化而改變了習性。如果這樣，合璧公司能，爲什麼其他公司不能？爲什麼全中國人不能？孟子不是說過一句：「不爲也，非不能也」嗎？

三、我發現了經營之哲經營合璧企業的奇蹟

奇蹟之(一)

經營之哲 合璧公司	2013日本PHP評為亞洲八大優秀理念之唯一中小企業。（PHP是松下經營理念研究所）

▲經營之哲與合璧電子

奇蹟之(二)

| 經營之哲 合璧公司 | 經營合璧前後45年，年年成長，年年賺錢。不曾向銀行貸款。 |

奇蹟之(三)

| 經營之哲 合璧公司 | 1.創立期（1970～1979）：小型企業，約1,500萬（台幣）。
2.轉型期（1979～1987）：小型企業，約3,700萬。
3.國際化期（1987～1996）：中小企業，約19,500萬。
4.多國化期（1996～2004）：中小企業，約7.3億。
5.變革再生期（2004～2014）：中堅企業，約24億。
6.期望發展期（2014～2024）：中大企業，約100億。
※45年來，日起有功，力爭上游，一帆風順。 |

奇蹟之(四)

| 經營之哲合璧公司 | 創造價值：策略100％＋企業文化10～13％＝110～113％
企業策略＝戰略＋戰術。企業文化＝處世哲學＋經營理念 |

奇蹟之(五)

| 經營之哲合璧公司 | 企業文化可增利潤→客戶尊敬力（＋4～5％）＋員工向心力（＋4～5％）＋供應商支持力（＋2～3％）
＝＋10～13％ |

　　詳言之，奇蹟(一)、(二)顯現經營業績的亮麗。奇蹟(三)顯現經營規模由小而大，步步高升。奇蹟(四)、(五)才顯現奇蹟的源頭是根植於文化，而文化創造奇蹟。可見，合璧因建立了企業文化，化成了「利他」的理念，創造了年增10～13％的利潤。使得四十五年來，年年賺錢，年年成長。可見奇蹟「其來有自」呀！

　　以上只是五項最震撼的亮點。其實，合璧公司的奇蹟很多，譬如回饋員工，濟助社會；推展「禪‧5S」的靈修，全體員工自發性早到一小時義務清掃廠區；兩度獲得上海市頒給「勞動關係和諧獎」、「花園化工廠獎」（圖見第8章）。這些特色奇蹟，都極其難能可貴。尤其以一個中小企業能夠榮獲日本PHP（松下經營理念研究所）評為亞洲八大優秀理念的企業，實在談何容易！更值得一提的是，其他七家都是五百大的大企業。因而合璧特別贏得很多媒體的爭相報導。譬如：

　　日本《PHP》作專輯報導，封面題為《經營理念企業》（如右圖），合璧專欄的標題為〈用人生處世哲學來傳遞我的理念——合璧工業公司的理念傳承〉。

　　日本《田邊專刊》題為〈『中國流』經營戰略〉。

　　香港《經濟日報》題為〈做回饋社會的百年幸福企業〉。

▲日本「PHP」報導封面
（合璧提供）

四、我發現了經營之哲經營合璧企業的光芒

　　合璧工業公司創業於1970年，在台灣三重白手起家。是一家集設計、生產、銷售、服務於一體的電器配套廠商，主要從事端子台、保險絲座、開關、插座、燈座、空調排水器等零組件的生產；線束加工及電裝合組立；精密模具設計、製造，線切割加工

及熱硬化性、熱可塑性成形產品的生產，並取得ISO/TS16949、
ISO9001、14000、DIN5510-2:2009、UL、VDE、TUV、CCC、
CQC及日本各大公司之認定。

合璧1999年登陸上海，2004年遷至嘉定，不斷進行改善與提
升，同時延聘日、台的顧問作教育訓練，提高工作水準，開發、
製造顧客滿意的商品，提供客戶OEM、ODM服務。如今已建立
了國際化、多國化的行銷戰略。

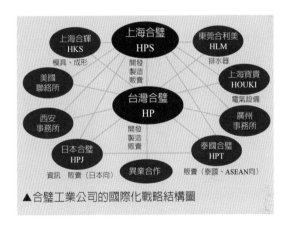

▲合璧工業公司的國際化戰略結構圖

　　生產亮點：空調端子台全球第一、空調排水器台灣、東南亞
第一、重電、PLC、電梯端子台台灣第一。是非常優質的成功企
業。

　　行銷國際大廠牌：包括富士通、大金、日立、三菱、松下、
東芝、夏普、美克司、三洋、東元、聲寶、大同、中興、永大、
士林、三葉等大廠，以及亞洲與中東12家、北南美4家、歐州與
澳州6家，遍及亞、歐、美、澳四洲。如此一家中小企業怎不令

人刮目呢！

五、我發現了經營之哲與《論語》的因緣

　　經營之哲曾說，他不懂《論語》，對儒學也只是皮毛而已。這話或許不是謙虛。但他一生都在台灣求學，台灣是儒學根深柢固的重鎮，高中職都必須修習《中國文化基本教材》的課程；而他的求學又是在台灣光復之初，深受著日本精神的浸漬；而且初入職場又是日本的松下電子，創業之後又聘請日本之田邊公司為顧問；而日本人又非常瘋迷《論語》，由日本實業之父澀澤榮一所著《論語與算盤》可作證明。凡此種種，都可以看出經營之哲與《論語》的因緣頗深。由本書中〈封面故事——我的九個發現〉文中，可見他的慧根深者，只要耳濡目染，不待雕塑就自然成型了。

　　無怪乎今日合璧企業的經營屐痕中，處處潛沉著儒學的種子，時時流淌著《論語》的血脈。因此，可以說：合璧的企業文化是生發於《論語》的薰陶。由此我們可以斬釘截鐵地說：「儒家思想可以促進企業文化的提升，創造企業的永續發展。合璧企業的成功，就是最好的典範。」

六、我發現了儒家思想適合發展企業文化，而且可大可久

　　廣義的文化是人類生活現象的總合呈現。狹義的文化僅指人類的思想、道德、文學、科學、藝術等現象。企業文化是其中之一。

　　企業文化是專指企業單位成員所一致認同的價值觀和信念的體系，包括動機、價值、看法、方式、符號等，逐漸成為全體員工的願景、宗旨、精神，形成了使命感、價值觀和經營理念，共同肯定、遵守與努力，化為行為準則、道德規範，做為經營的導向與維繫、約束的力量，以激發彼此的意志與創造的精神，可以提升員工的向心力和凝聚力，提高企業的經濟效益。

　　《論語》是孔子與弟子、時人的語錄，深含著人生智慧的啟發與做人做事的道理，尤其特別著重人類思想的啟迪與倫理道德的修養。二千多年來，對我國的歷史文化發生了廣大而深遠的影響。所以只要將它移植於企業的土壤上，一定會像陽光一般，可以陶冶員工的心性、氣質、精神，合成企業的一切資源，生化為源源不絕的能量，使企業能源生生不息，向上、往前勃發。

　　合璧公司的經營內骨裡，便流淌著很多《論語》的血脈，譬如工廠藝術化的「游於藝、成於樂」之境教文化，再如教育化的「如保赤子、切磋琢磨」之育才文化；又如「感謝報恩、回饋社會」則是孝道文化的發揚。因為合璧公司釀造了這些

▲古人顏淵畫像

儒家文化的養分，讓員工分享了幸福，獲得一致的認同與信任，增加了生產的動力；也因爲這些企業文化的光輝，讓協力廠商、客戶感動與尊敬，讓社會驚訝與肯定，增進了經營的強度。所以年年成長，年年賺錢。

為什麼合璧「能」，其他人「不能」？顏淵說：「舜何人也？予何人也？有為者亦若是。」所以只要努力，人人都能！

七、我發現稻盛和夫的經營理念關鍵就是創造企業文化，很契合孔子的仁愛思想

日本「經營之聖」稻盛和夫曾現身說法，說自己的經營哲學理念就是「敬天愛人」。甚至說：「敬天愛人者成。」「敬天愛人」原是早年「明治維新」的大功臣西鄉隆盛的一句名言。西鄉隆盛等大臣本以東方的哲學文明結合西方的科學文明，創造了「明治維新」的大業。稻盛和夫也藉這個傳統的思想，堅持奉行「行正道」、「利他心」的理念，在國際企業界發揚光大，一手打造了兩個「世界五百大」的企業，又應日本政府之邀，順利地挽救了破產的日本最大航空之日航公司，創造了一年內轉虧為盈的神話，因而名揚世界。

▲稻盛和夫丰姿（合璧提供）

稻盛和夫說「敬天」就是按事物的本性做事，「愛人」就是按人的本性做人。其實，儒家《中庸》開宗明義即說「天命之謂

性，率性之謂道。」這是說人性本是上天所賦予，只要依循著天賦之善性去做人做事，就合於正道。兩者的說法相當吻合。孔子更說「仁者愛人」。這與稻盛和夫的「敬天愛人」觀也是一致的。

再深入看，稻盛和夫提倡「以人心為本」的經營。孟子則早已說過「心之官則思」，強調能用心思，就能成為大人物。稻盛和夫又提倡「利他之心」，這與孔子所謂「仁者己欲立而立人，己欲達而達人」的「立人達人」的胸懷也是一致的。

《中庸》強調「庸德之行，庸言之謹」。「庸」指平常，這是說注重一般日常德行的實踐。稻盛和夫則主張經營要貫徹原理原則，「公平、公正、正義、勇氣、誠實、忍耐、博愛」就是最基本的價值，可以培育的倫理觀與企業文化。兩者的觀念也不謀而合。

這些只是兩者異曲同工的犖犖大者，就足以證明稻盛和夫的經營理念很契合儒家的哲學思維。總之，引領日本企業發展之松下幸之助、澀澤榮一、稻盛和夫都提倡了孔子的仁道思想。

八、我發現應先寫《從論語學會經營哲學》引領天下的企業文化

筆者有幸在師範時代受到周文傑老師的啟蒙。周師教學嚴格，規定《四書》只能使用沒有標點的朱子《四書集注》，自己逐句標讀。考試一律一大題「默寫後翻譯」，逼得不背誦就過不了關。我也由此因緣而成了孔聖的信徒、粉絲、私塾二弟子。任

教高中、高職時，又有幸應龍騰出版社之邀編寫《中國文化基本教材》六冊與《高中論孟選讀》，其間必須編寫《教師手冊》。我遍輯了古今重要學者之解說，工程很浩大，所幸收穫不少，學術也有些精進。

邇來因為目睹了台灣經濟確是未曾有之進步，但倫理道德也是未曾有之敗壞，教育體制面臨崩解，教師管教權日漸潰決，幾乎到了難以救藥的地步。但政治人物的心中卻只有選票和銀票。誠然令人憂心忡忡，然人微言輕，無能為力。因而曾經做了個天真的夢，夢想請孔子回世再生，救救這個比春秋時代更滔滔的天下。所以打算撰寫《孔子再世演義》系列，野人獻曝，只想聊盡「生而為人」的一點良心與天命而已。

其實，《孔子再世演義》已經草擬了大半。不過因緣際會，有幸邂逅了數位企業家詹其力、王義郎、洪和昌等高瞻遠矚之士，他們則認為今日的政治、教育雖然不可盼，然而企業應是未來穩定天下的最大力量，應該從企業文化著眼。因而在他們有力的勸說、鼓勵、協助與指導下，最後書名改為《論語與企業》，也已經草擬了一部分。

等至2015年8月24日上海之行，參訪合璧電子公司的意外震撼，深深感受到合璧的企業文化應可翻轉今日天下中

▲左起洪和昌、王義郎、詹其力與筆者

小企業的經營，正是解救今日世界社會動盪的良方。《大學》說：「物有本末，事有先後。」所以我們又決定把書名再改爲《從論語學會經營哲學》。

我們也決定了本書的寫作方式，以合璧公司的企業文化之特色爲「經」，以儒家的相關思想爲「緯」，再提出其他企業的佳例與期望，連綿成篇。換言之，全書除〈第一篇〉兩章外），主文分爲十五章，每章都先介紹合璧公司的企業文化之特色，再導出相關的儒家思想作見證，以證實「合璧企業裡閃爍著孔聖的影子」：然後再列舉其他的企業或史實作佐證，證實中國經營之哲的「吾道不孤」，儒家思想確是今日世界的「顯學」。最後作者不揣淺陋地「野人獻曝」，主觀地提出淺見與期望。

其實，《論語》只能說是最能代表孔子思想的一本書，但不是孔子思想的全部。因爲《論語》只是孔子與弟子或時人的「語錄」，不是「成章成篇」的論述。孔子也說自己是「述而不作」，可見他沒有著書，後世只能從當世的學人或後代的學者之「吉光片語」中去尋尋覓覓，譬如《孟子》、《荀子》、《莊子》、《韓非子》、《易經》、《禮記》（含《大學》、《中庸》）、《孔子家語》等，甚或漢、宋的著作去引證，也許不是「全眞」，或許偶有「僞作」，今天實在無從作正確的考據。不過文字可能有眞僞之分，但思想是一種理念、觀念、概念，只要不太違理背義，我們可以作「融會體悟」性的理解，不必斤斤計較！因此我們採「宏觀」的看法，不僅限於《論語》。

其次，本書從第三章起，在每篇的開宗明義都用一首小詩作「引題」，並附上「師法重點」秀個小提示。篇末寫個「哲人對

話錄」之錦句，畫龍點睛，都是輕鬆小語，希望讓大家輕鬆地「開卷」，也歡笑地「收割」。這種以「錦句」開頭，也以「錦句」結束的文章布局，在「文章作法」上稱爲「前呼後應法」，算是很特殊的。

　　當然其間也期盼讀者不要把古典文學看得那麼嚴肅，以爲神聖不可侵犯。我要讓大家開開眼界，原來古典也可以這麼清淺，比那新詩來得清新。尤其「哲人對話錄」，都是先引個名言，點綴上經營之哲的應和，是隱語，是暗示，也是啓迪，更是期勉；其實，這兩項把戲也正是點醒本書的主要訴求「企業文化」之一丁點的「亮點」與「品味」，更代表著我們的一點用心、一點誠心、一點熱心。

九、我發現若舉國企業都成為合璧，那麼就國治天下平了

　　宋代詩人夏元鼎爲了尋道，從甘肅的崆峒山一直找到杭州的湘湖，目標竟然出現了，才感嘆道：「踏破鐵鞋無覓處，得來全不費工夫。」後來辛棄疾也寫出雷同的意境，〈元夕〉云：「夢裡尋他千百度，驀然回首，那人卻在燈火闌珊處。」不過，筆者爲了找尋《論語與企業》的寫作題材，卻「過海飄洋尋覓覓」，驀然前

▲合璧經營如泉神之灌注

望，才在繁華的上海找到了亮麗的目標，得來卻是很費工夫。

　　合璧可以撥25%的利潤作員工的福利，創造員工生活的幸福，這是孔子所謂的「仁恕」精神；而員工一年樂意為公司做了超過一個月的白工，上下又親睦和諧，這是儒家所謂的「忠義友信」的精神。兩者是合璧文化開展的樞紐。這種文化竟能為公司多創造了10～13%的利潤。文化的力量真不容小覷，企業界豈可忽視！

　　再推而觀之，員工可以工作得快快樂樂，家庭可以很美滿；老闆的錢賺得很驕傲，可以大方地向社會施捨。這不就是澀澤榮一的「一手拿《論語》，一手撥算盤」之境界嗎？

　　試想，如果全國每家企業都能如此，那麼，老闆賺錢，員工幸福，家家快樂歡笑，家家都有能力把小孩子帶好教好，「家教勝於校教」。那麼「國之本在家」，家家健全，陽光自然普照了。這時儘管政治人物再不爭氣，儘管教育制度再窩囊，而家的基礎穩固了，社會怎麼亂得起來呢？這就是「國治在企業」的道理。如果再進而擴大影響，天下平也只是時間的問題罷了！這不正是孔子的精神引領了「國治」，東方的智慧引領了「天下平」嗎？

　　不過，文化的釀造，必須慢慢浸漬攪和；不能像科技的創新，不可能一日千里。合璧創業雖然四十多年，但上海廠才十來年，真是「創業維艱，守成不易」。據經營之哲說，上海廠的企業文化也慘澹努力了兩三年才見到成果。但由上海廠之文化釀造成功，可以證明：中國的員工可以不拜金，可以很敬業；只要經營者「有心」、「用心」，活用《論語》的思想，塑造自家的企

業文化，一樣可以創造勞資雙贏，創造績效奇蹟，而永續發展。

※哲人對話錄

宋儒張載說，讀書人應該「為天地立心，為生民立命，為往聖繼絕學，為萬世開太平。」說來氣勢萬千，足以感動天地。
——釋意請參見第五章〈經營者處世有哲學〉

詹董也說，真正之企業家應該「為工廠立心，為員工立命，為企業造理念，為社會創幸福。」

第 **2** 篇

成功經營者的特質篇

—「誠於中，形於外」。
　　經營者的涵養，決定經營的態度；
　　經營者的態度，決定企業的高度。

第三章　經營者有志氣

引題：小詩輕唱

　　　你我賢愚志氣分，乞兒興學世間聞；
　　　富豪二代多無賴，豈曉成功盡在勤！

見賢思齊：師法重點

　　　‧研究哲人立志的背景、曲折、實踐與成功的高度。
　　　‧自我立志要大，在度德量力後，把人生抱負高度要
　　　　再提升幾分。

一、人窮命苦的少年，要有「天將降大任於我」的豪氣

　　有人說：「志氣成就人生；志氣的高度，決定人生的高度。」

　　不錯！有志氣的人，人生理想是無盡的追求與嚮往，可以一山再望一山高。不過，影響年輕人志氣的很大因素，往往是富貴與貧賤。君不見今日社會，富貴子弟多無賴，貧賤子弟每堅毅！

　　古人說：「飽暖思淫逸。」君不見：今日社會多少富二代，吃喝嫖賭，酗酒飆車，誘姦鬥殺，在在令人瞠目結舌。「富不過三代」，這些富二代的下場不正是鐵錚錚的證明嗎？

　　不過，你可能也見過，有些孩子奔馳在清晨的路上，不怕天矇矇而未亮，不怕風吹雨打，送報紙、送牛奶、撿破爛，自賺

學費；甚至養家餬口。他們不怕窮、不怕苦，要靠自己的血汗翻轉人生。其實，年輕身窮命苦，只是他的運，不是他的錯！

不錯！「萬丈高樓從地起」，有志的窮少年，勇於向窮苦挑戰，要翻轉命運。很契合孟子一段最為經典的名言：

▲孟子畫像

孟子曰：「天將降大任於是（此）人也，必先苦其心志，勞其筋骨，餓其體膚，空乏其身，行拂亂其所為：所以（用來）動心忍性，曾（增）益其所不能。」《孟子・告子下》

孟子是說：「上天將要把重大的責任降給這個人的時候，一定先使他的心思意志受到困苦，使他的四肢百骸受到勞累，使他的身體肌膚因飢餓而瘦弱，使他的身家窮困貧乏；在他做事的時候，又使他所作所為受到阻撓；這些遭遇，都是用來激勵他的心志，堅忍他的性情，增加他本來所欠缺的能力。」

孟子主要在闡明「生於憂患，死於安樂」的道理。由於人常會因憂患而戒懼奮發，反而求得生存；如果一味安於享樂，常會招致覆亡。所以勉勵苦難中人要勇於承擔苦難，超越困境，獲取重生。

老子也說：「禍兮福之所倚，福兮禍之所伏。」這是說天下事常常是「禍福相倚」。禍裡每每「憂患而生」，幸福卻常常帶來「安樂而亡」。前人更有所謂「殷憂啟聖，多難興邦」的古訓，示人要正面善於應對災禍，動心忍性，自省自勵，這正是窮苦少年以「天將降大任」而自勉，也是將來「立大業、成大功」

的好兆頭！

　　其實，不僅孔子是如此，日本「經營之神」松下幸之助、「經營之聖」稻盛和夫也都是這樣走過來的。

二、古今從患難中翻轉人生的偉者，大有人在

　　子曰：「吾少也賤，故多能鄙事。」《論語‧子罕》

　　孔子三歲喪父，十七歲喪母，命運不順。所以年少時地位低賤，曾經替人管過倉庫、出納，牧過牛羊，學會了許多粗俗的工作。因而拜「少時微賤」所賜，成就了他多才多藝、博學多能的人生，造就了「至聖先師」的高度。

▲孔子畫像

　　松下幸之助回憶自己的成功，是因為上天賜給了他的身家很窮，窮到連飯都快吃不上了。所以他能託著貧窮的福，從小就學了擦皮鞋、賣報紙等辛苦勞動的滋味，因此學得了很多寶貴的人生經驗，磨練出成功的智慧與意志，終於成就了「經營之神」。

　　稻盛和夫也一樣，少年時就感染到肺結核。當時正是第二次世界大戰末期，日本慘遭聯軍轟炸，他的家鋪全被摧毀，無家可歸，父親遭此打擊，從此無法就業，七個孩子全靠母親的一雙手。大哥、大姊只得輟學就業來助他上大學。這些殘酷的打擊，並沒有擊垮他，反而磨出他面對現實的勇氣，終於磨練出「經營之聖」。

　　英國作家拉法說：「環境支配了弱者，強者卻拿它當作勵志

的手。」年輕時段境遇的困頓、身家的窮苦，不一定是壞事。松下幸之助、稻盛和夫、孔子的成功，就告訴了大家：這正是砥志礪行的最好時機。其實，合璧企業董事長詹其力（以下簡稱經營之哲或哲人）更是很好的見證。

三、哲人在苦難裡立志，從砥志礪行中翻轉人生

(一) 年少時家道由富驟貧，少年嘗盡了人世的滄桑

　　經營之哲原是彰化縣花壇鄉之李氏望族，他的祖父時還有能力捐地興建今日的花壇國小，而且熱心公益，時常資助各級學校。現在台中一中是日據時代台灣第一所民間興建的中學，他的祖父還是許多捐款人之一。時過境遷，李府興學的故事已經少人知曉。

　　民國103年花壇國小為隆重慶祝建校百年，才重翻校史，這珍貴的珠玉才得以重現江湖。現任校長林振茂趕緊「黃天補破網」，刻紀念碑，頒紀念牌，並邀請經營之哲回校

▲103揭碑，左為哲人，右為校長

揭碑授牌。「阿公功德，阿孫授獎」，真是人間奇談。但總算還原了歷史的真相。不過對李府而言，這項遲來的正義，竟然整整等了一百年。

　　這天大的佳訊，大家都應該向經營之哲說聲：「出身豪門，

可喜可賀！」其實不然，他的青少年華卻有一段慘白的辛酸史。

　　人生之路往往坎坎坷坷，起落無常。花壇李府到了第三代經營之哲時，形勢大逆轉，不僅「富不過三代」，而且赤貧如洗了。

　　經營之哲共有八個兄弟、六個姊妹。兄弟中他排行老六，他的二哥還能留學日本。但是到了他花壇國小畢業，竟然窮得無法升學初中。他媽媽只好把他送給永靖鄉的舅舅作養子，改姓詹，才得以就讀彰化工業職校初中部。期間還常受到養母的苛待與猜忌呢！

　　在此期間，經營之哲還有一件令他終身難忘的憾事，就是他的生母積勞成疾，罹患風濕性關節炎，家裡沒錢作較好的醫治，他眼睜睜地看著媽媽成天呻吟在床而無能為力。五十歲卻已經蒼老成七、八十歲的老婦人，至五十六歲就撒手人寰。這時經營之哲十九歲，彰化高工即將畢業，將正是可以就業賺錢奉養的時候。無奈「樹欲靜而風不止，子欲養而親不待」，天意難違，人事叵測，遂成人子最悲慘的椎心之痛。

▲孝子珍藏母親50歲像

(二) 滄桑過後，激勵起要「富過三代、恢弘祖德」的大志

　　試想，一個國小畢業為了繼續升學的少年，必須當人養子；一個高職的青年眼睜睜看著生母呻吟而離世：這種刻骨銘心的人

生挫折與打擊，多少人能挺得過來？

　　經營之哲說，他高工畢業後，雖然心有不甘，偶爾也會埋怨老天為什麼這樣不公平。所幸他也會常常引用孟子「生於憂患，死於安樂」的話來自慰自勉。因而經歷了那麼多接連的打擊，他並不心灰意冷，反而暗自思量，要把它當作上天磨練自己的恩寵，應該化為「激揚志氣」的酵素。不是有人說「從哪裡跌倒，就要從哪裡爬起來」嗎？所以當時他就默默自我期許，立志將來一定要打破「富不過三代」的魔咒；一定要恢弘先祖「為富而仁，好善樂施」的榮光。這兩項就成了他一生奮鬥的目標。

　　經營之哲於彰化高工畢業後，北上台北以「半工半讀」的方式完成台北工專（今台北科大的前身）的學業，後來歷練了日本松下電子等幾家企業後，至1970年開始創業，從資金新台幣15萬元以及包括自己的二人公司起步，白手起家。他就在那兩大

▲經營之哲創業當年滿懷信心

目標的引領下，克勤克儉，兢兢業業，事業由小而大，一帆風順，一步一步邁向成功的坦途。

四、哲人一邊惕厲經營，一邊逐步實現兩大志向

(一) 感謝報恩竟須多年的不辭辛苦，尋尋覓覓

　　經營之哲知道，「富過三代」以及「為富而仁，好善樂施」

兩大志向是長遠奮鬥的目標，並非一蹴可幾。他更深知，江水源頭勿嫌小，只要細水長流，總有浩浩湯湯的一天。因而他決定行善也要及時。所以他從工廠稍具規模之後，「善步」立即跨出，年年撥出利潤的25%作員工福利，創造員工生活的幸福。同時又撥出5%作社會回饋，慢慢開始了「感謝報恩」之旅。

但他的父母早已作古，怎麼「感謝報恩」？哲人自有妙招：他從阿姨（生母的妹妹）開始。他要把孝母的情懷移轉到四個阿姨的身上。但困難又來了，他國小畢業就離家做人養子，有的姨媽根本不曾相識。而且數十年的人世滄桑，更不曉得燕落何方？不過他很有耐心，想盡辦法，輾轉查訪，尋尋覓覓，終於皇天不負苦心人，甚至遠在台東的都被他找著了。接著他決定慢慢擴及三個家族李家、詹家與妻家中的嫂嫂、弟媳（兄弟輩的遺孀）。套句做事的「行話」，真可說「鉅細靡遺」。然後再擴及員工家屬的急難，甚至識與不識的朋友、社會人士。濟助之多，德澤之廣，難以數計（請詳見〈感謝報恩〉、〈懷師敬友〉、〈關照濟助〉等三章）。

易言之，經營之哲近來每年都提供200～300萬人民幣，作救助回饋。四十多年來救濟回饋金已達8,000～12,000萬人民幣，這項回饋已遠遠超越了祖先行善的幅度。

(二) 合璧即將「富過三代」，美夢成真

經營之哲一向很重視子孫的栽培。如今第二代已經接班了：長子是台灣交通大學碩士，又到日本東芝公司磨練兩年，熟練日本的企業特性與文化背景，現任合璧總公司副總經理，主持上海

廠。次子擁有美國大學MBA學位，現任
總公司協理，負責海外之推展。兩人皆
文質彬彬，謙和低調，開始誰都看不出
是「富二代」呢！

最特別的是第三代的養成。經營之
哲的兩個孫女孫男，國小起，每年的暑
假，就鼓勵他們到上海廠冒充十八歲的
青年，下工廠當作業員，跟著其他員工
一樣地工作，任勞任怨。除了主管之
外，無人知曉他們的身分。阿公問他們
對這項工作的喜歡程度，都說可有90
分。可見從小就灌注了「企業經營」的
血液，而兩人也不負祖父的期望，如今
都進了大學深造，鳳雛麟趾，肯堂肯
構，真是「積善之家慶有餘」呀！

我們看經營之哲今日的成功，先檢
視「要打破『富不過三代』的魔咒」是

▲合璧詹副總經理

▲合璧公司詹副總經理

需要長年的奮鬥；要「恢弘先祖『為富而仁，好善樂施』」的大
業必須有崇高的德養，談何容易！但如今他都即將做到了。而且
又高瞻遠矚，還訂定了「挑戰與邁向百年幸福企業計畫」，再望
一山高，要挑戰百年，實在令人欽服。（請詳見第17章〈挑戰百
年企業〉）

五、哲人立志高遠，和孔子志聖志仁竟有異曲同工之妙

經營之哲竟然早年就雄心萬丈，立下如是艱難的兩大志業，可以和孔子當年立志「聖、仁」與「大同」的境界先後媲美：

子曰：「若聖與仁，則吾豈敢！抑爲之不厭，誨人不倦。」《論語・述而》（詳見第1章〈我遇見了中國「經營之哲」〉）

可見孔子立志學習儒家最崇高的道德「聖、仁」境界。因爲這個志向非常崇高，所以終於成就了他的「至聖」之最高境界。

《論語》中還有一章師生對追求聖、仁的語錄，頗爲有趣：

顏淵、子路在孔子座旁伺候。孔子說：「何不各自談談你們的志願？」

子路說：「我希望把自己的車、馬、衣服，和朋友共同使用，用壞了也不埋怨。」

顏淵說：「我希望不誇耀自己的才能，不張揚自己的功勞。」

▲顏淵、子路侍想像圖

兩個徒弟回答了，照理應該是老師講評才對。但個性倔強的子路卻來個回馬槍，說：「很希望聽聽老師的志願！」

老師畢竟「棋高一籌」，請看看爲人師表的高度：

子曰：「老者安之，朋友信之，少者懷之。」《論語・公冶長》

孔子說：「我希望天下的老年人都得到安適的奉養，朋友們

都能以誠信相交往，少年人都得到關懷愛護。」

誰高呢？現在就讓我們權充個評審員吧：子路是豪爽可人，不吝所私，寬以待人，是在努力「求仁」。顏淵是謙沖自牧，不矜不誇，功成不居，是在努力「求不違仁」。而孔夫子則胸懷天下，期望天下人人各得其所，達到「大同」的境界。

經營之哲志向亦高，胸懷亦大，和孔子相較，相當雷同，只是一個是道德之聖，一個是企業之哲，似乎可以相提並論。

六、立志成功的古今典範，值得見賢思齊

(一) 乞丐興學的武訓

「武訓興學」是家喻戶曉的真實故事。他本是清代咸豐 光緒年間山東的一位乞丐，因感於自己失學之痛苦，就立志行乞興學。從此終身行乞儲蓄，終身未曾娶妻，一心奉獻於興學事業。果然一生創辦了崇賢義塾、御史巷義塾（即今武訓實驗小學）等學校。志氣的動力，真是不可思議。故有人讚他「義感乾坤」。

(二) 世界電腦的良心比爾蓋茲

比爾蓋茲是近來最夯的人物。他從小就是個電腦迷，十九歲時就定下了人生目標，要讓世界每個家庭都有一台電腦。這是有心、而且是大志向。他如果只為了金錢，動機與力道不可能那麼強大，又持續那麼久。後來他的微軟公司竟然成為電腦界的「帝國」，站上了世界首富。他的成功祕訣就是自訂目標，肯定自我，不斷努力，使美夢成真。

(三) 棄醫救國的孫文、魯迅

領導革命推翻滿清的孫文先生，香港醫學院畢業，本來立志行醫。但當他看到滿清腐敗，人民生活塗炭，就發願要救中國。這個志氣很大很難。但他覺得醫生救人有限，只有革命才能救千千萬萬的同胞。於是毅然從事革命，歷盡艱險，終於成功。因為他的胸懷「夠大」，所以能夠成就了「大功」。

革命成功後，民智大開，很多人紛紛出國留學。大文學家魯迅本來是留日學醫。後來也發覺醫生救人的速度太慢，便毅然棄醫從文，立志小說創作，積極「以文救國」，終於成了我國小說的開路先鋒，影響民心士氣，揚名後世。假如他繼續學醫，他的名字可能早就灰飛煙滅了！

(四) 運磚習勞而成就征西大將軍的陶侃

東晉陶侃立志成功的故事。足以當今日年輕人的典範。陶侃出身貧寒，少有大志，平日即憂國憂民，努力鍛鍊體魄，準備為國效勞。在他擔任廣東刺史期間，每日閒暇，早晨搬運百塊磚頭到室外，傍晚再搬進室內。有人問他原因。他說：「我正立志恢復中原，如果過於優遊安逸，恐怕不能承擔大任。這只是使自己習慣勞苦罷了。」所以他一生所到之處，政績卓著，他治下的荊州，史稱「路不拾遺」。官至侍中、太尉、荊、江二州刺史、都督七州諸軍事，果然平定了蘇峻之亂，封「征西大將軍」。一生東征西討，穩定東晉政權，立下赫赫戰功，成為晉代安邦定國的名臣、名將，可以說是立大志、成大事的典範。

陶侃還有名言：「大禹聖者，乃惜寸陰；至於吾人，當惜分陰。」更是家喻戶曉，對後世的影響都很深遠。

由此看來，人只要有志氣，肯努力，一個乞丐可以興辦學校；一個十九歲的青年，可以看到世界的未來；兩位學醫的青年轉了念頭，可以救國；尤其陶侃的救國就從立志搬磚開始。這些成功的典範，幾乎有個共同的特質，很早從「立志」起步，而「志氣」都不只是為了「利己」，更大的胸懷是為了「利他」，為了國家社會。「志氣」你能輕忽嗎？

七、總結：企業經營要有心、有志，還需有「利他」的宏觀

「志」是會意字，指士人之心。士即讀書人。可見知識分子如果無心無志，就枉為讀書人了。

不過「志」可小可大，小志容易實現，不過泛泛無波無瀾，建立不了人生的高度。所以有心人應該立大志：志大則氣壯，氣壯則力強，力強才能做大事、成大功。

那麼何謂「大志」？古人以為讀書人讀聖賢書，應該要「經世濟民」，以天下民物為己任，平治社會，救助民眾。若綜合儒家與現代的話說，就是要「立人達人，利己又利人」。

▲哲人沉思著共生共榮的理想

其實，人生志向也「不一而足」。自己度德量力，分別本末先後，使大志、小志並行而不相害，甚至可以相輔相成。就像很多成功的企業家，不是一人擁有很多公司嗎？

因此，有心人經營企業，第一個前提就是先鼓起志氣，立定志向，訂定目標，決定策略。不過，這個「志」必須能利己，又能利他，才能獲得員工的向心與肯定，才能可大可久。這個「向」必須是正大光明的，可以公諸陽光下，才能穩固而永續發展。

▲經營之哲與稻盛和夫合影

稻盛和夫以為「利他」之心，就是事事不只考慮自身的利益，有時甚至犧牲自己的利益，也要為對方謀福利。這才是最美的心。不錯，經營之聖這種「利他為先」的觀念確是高人一等。

而企業經營要「利他」，必須財經透明化、管理人性化、利潤共享化、回饋化，最關鍵的是要有「想為員工謀福利的心」，將利潤與員工共享共榮；即使沒有利潤，也不能讓員工受苦受難。這樣，才能真正獲得向心力。不過，這也需要大志氣！

孫文先生說：「立志是讀書人最要緊的一件事。」這乃天經地義的名言。不過他和魯迅立的是救國救民的大志，這必須有崇高的人格特質，並非人人可學可及。比爾蓋茲是屬於科技的天才，但他不藏所私，把快樂分享世人，立的志大，成就也大。這種人才只可遇而不可求。因為立志不等同於白日夢。立志必須先自我度德量力，符合自己的才能、性向、興趣、專長與時代的需

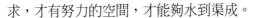

求，才有努力的空間，才能夠水到渠成。

所謂「眼高手低」、「蚍蜉撼樹」都是自我高估，立錯了志。

不過，陶侃、松下幸之助、稻盛和夫、詹其力等人的成功，就像一朵朵的梅花，歷盡了幾番的寒徹骨，才綻放了撲鼻之芳香，很值得我們的尊敬與師法。換句話說，他們的成就，只要有「心」、有「志」，人人可學，人人可以成功。

※哲人對話錄

郭台銘說：「心胸有多大，舞台就有多大！」

經營之哲說：「心胸有多大，企業就有多大！」

孫文先生說：「要立志做大事，不要做大官。」

經營之哲說：「要立志做共生共榮的偉大企業，不要做利己損人的巨大企業。」

第四章　經營者勤勉好學

引題：小詩輕唱

　　兩手常空腦也空，眼兒懶動耳如聾。

　　學勤知廣行行便，諸葛何勞東借風！

見賢思齊：師法重點

　　・研究哲人勤學的精神、點滴，以及由此成就企業的
　　　高度。

　　・體認勤學的緊要，以企業的方向，思考勤學的切入
　　　點。

一、勤學是成功的法門。哲人年少有一段刻苦勤學的故事

　　愛迪生說：「成功是一分天才加九十九分的努力。」

　　英國哲學家卡萊爾說：「天才是無止境地刻苦勤奮的能力。」

　　可見天才不等於成功，成功也不一定要天才；但「無止境地刻苦勤奮」卻是成功的不二法門。合璧工業公司董事長詹其力（以下簡稱經營之哲或哲人）的成功，就因為他有一段「無止境地刻苦勤奮求學」的精彩故事。

　　經營之哲少年時期，因為家道衝不過「富不過三代」的魔咒，不幸由富驟貧，小學畢業，竟然必須過繼給母舅作養子，由

李姓改爲姓詹，才得以升學彰化工職（以下簡稱彰工）機工科。彰工即今國立彰化師大附工的前身。

▲哲人念念難忘的彰工（當時的校徽）

當年在經營之哲小小的心靈中，要作人養子才能讀書，應是很大的挫折。當時他就下定決心，將來一定要破除這個「富不過三代」的魔咒。這個「決心」就成爲他勤學的最大動力。

古來養子往往有著同樣的「劇本」，就是受到虐待。經營之哲是過繼給舅家，和舅父雖有血緣之親，但舅母則無。而且家中原有兩個千金妹妹，他當然不容易得到養母的善待。但這種處境並沒讓他氣餒，反而覺得這個求學的機會得之不易，必須特別珍惜。或許也期望出人頭地以洗嘔氣。這又成爲他勤學的動力之一。

經營之哲於1945年入小學，正是台灣光復的第一年。1952年考進彰工，學校大都還是日本世代的教師。當年日本培育出來的教師特色是認眞、嚴厲、威風，但有愛心，很會關懷學生。當時的彰工就深具這些色彩，洋溢著濃厚的日本精神。「有其師就有其徒」，無怪乎經營之哲至今舉手投足，仍然有著濃濃的日本

味。

　　經營之哲談到中小學的時代，總是眉飛色舞，似乎有著說不完的故事。因為他覺得都遇到好老師，對學生的品德與生活，特別關注。所以他認為初、高工六年的教育最讓他感到樂趣與幸福，使他終身難忘。

　　或許因為他在家中得不到的溫暖，在學校獲得了補償。其實，當年日本在台灣的教育政策，隱藏著很深的「皇民化」的目標。

▲哲人念念難忘的彰工老校門

　　經營之哲就是因為對彰工有深深的感恩之情。因而等企業有成之後，時常邀約母校師長到大陸旅遊，也到上海合璧公司參訪。並為教過他的老師和彰工歷任的校長立碑、種樹，永為紀念。懷師尊師之情可見一斑。（詳見第14章〈懷師敬友〉）

二、哲人年少勤勉好學，創業成功後仍然力學不倦

　　經營之哲彰工高工畢業後，便北上台北工作，並考取台北工專（今日台北科技大學的前身）的機工科夜間部，過著「半工半讀」的日子，雖然很辛苦，但學得更多、更高，的確讓他成長不少。

　　他台北工專畢業，第一分正式工作就是在日本公司來台設立不久的松下電子上班。松下電子是日本「經營之神」松下幸之助的公司，有很高的經營哲學，信譽蜚聲國際。哲人在這裡服務三

年，雖然職位低，但在他的慧眼慧覺之中，已經學得不少日本人做人的態度與做事的方法，也多少體驗了日本的一些文化特質，領受到「不管多麼細小的事，都要堅持到最後」的縝密態度。

因此，他認為畢業的第一個工作很重要，往往會影響一生。他常告訴年輕人：「第一分工作不論遇到什麼困難，都要有『在石頭上也要坐三年』的決心。這是我親自體驗的心得。」

▲哲人常走訪學校，向青年學生演講

經營之哲終身好學，實在言之難盡。下面只列舉數端，「滴水觀海」，由小看大；也可以看出他的成功絕非偶然。

(一) 只為一睹新機種，甘冒軍法

據經營之哲自己爆料，想當年，他在左營服役期間，聽說海軍從國外新進了一種新型的搖臂鑽床，非常特殊。但軍中門禁森嚴，必須經過軍區、港區與工廠三道關口，外人難得其門而入。他就設法冒充技術人員，坐著技術車進去了。只為一睹新機種，竟然甘冒軍法審判的危險，可見好學心之強烈，可說打死不退。

(二) 繼續參加日本研究機構，進一步學習

經營之哲於1970年自創工業公司，四年後，決定走日本經營的模式，就和日本的田邊經營諮詢公司簽訂合約，接受輔導。不久，他就自訂了處世哲學與經營理念，使公司的業績平步青雲，

扶搖直上。至1999年登陸創立上海合璧電子電器有限公司，員工從二位數增加到近千人。但他並不以此成就爲滿足，又進而加入了日本最夯的兩個學術研究機構學習：

一是日本的「經營之神」松下幸之助所創的PHP（松下經營理念研究所，意指透過繁榮，實現和平與幸福），這是專門培養國家領導人才的機構。

一是「經營之聖」稻盛和夫所創建的盛和塾。目的在培養卓越的經營人才。現在全日本共有52個據點，甚至還擴展到美國、巴西和大陸、台灣等地。口碑很好。

▲哲人終身好學，工作中不忘讀書

這種創業後又深造，正契合儒家「仕而優則學」之精神：

子夏曰：「仕而優則學，學而優則仕。」《論語‧子張》

「仕」指作官。「優」是有餘力。古代讀書人以讀書爲本務，書讀好了，就可出去作官；作官還有餘力，就繼續讀書。不過，經營之哲不是作官，他應是「業而優則學」，更令人敬佩。

(三) 年老彌勤，力學不輟

經營之哲如今年近八十，但依然每天抽空讀書、看報刊雜誌，幾乎每三、四天要看一本新書。還有畫線批點與剪貼的習慣。對於有價值或值得惕厲的，還會加眉批而傳給所有幹部。譬如「頂新黑油」案就傳了12張，批示說：「巨人倒下，值得檢討

與警惕。」又如台灣王品出現了危機，他批示道：「台灣王品因上市，失去了經營哲學，未來難卜。」台灣矽品出現了爭奪股權，他批示道：「台灣矽品上市、股權爭奪，喪失了經營目的。」一葉知秋，這些都可以看出他平時看書報雜誌之勤勉與踏實。

同時，他還聘日語教師學日語。又自學西班牙語、泰語等。

經營之哲說：「不是參加PHP、盛和塾就可以把企業經營好，而是必須『用心』學、『用心』鑽研、『用心』經營。」

(四) 親自培訓幹部，與幹部一起成長

經營之哲以為培訓人才，最重要的一項是讀書。他嚴格規定幹部，每個月要看一本與經營相關的書籍，還要寫一篇「心得報告」，每一篇他都詳細審閱批示並作紀錄。發現有好的書，就集體訂購贈送；發現好的「心得報告」，也會電傳給大家。

經營之哲說：「這樣做，目的在督促幹部不斷地自我成長，跟上時代的腳步。我每月審閱也要花十多小時，可與幹部一同成長。」

原來合璧有著一班能征善戰的鐵騎，就是這樣磨礪出來的。這就是「用心」的成果。試問：董事長要選書、要批閱，自己不先看過行嗎？因此，明的是逼幹部讀書，暗地裡也是逼迫了自己。

經營之哲還說：要回歸原點，做最有效的閱讀。只有從原點出發才有力量，效率才會高。他並指示「閱讀經典四層次」如下：

④ 比較同類書之異同，並歸納自己的結論　④ 主題閱讀

③ 提出疑問與作者對話　③ 分析閱讀

② 有系統的略讀與粗讀　② 檢視閱讀

① 只看懂字句意義　① 基礎閱讀

三、哲人的終身勤學，與孔子的好學精神非常神似

子曰：「吾十有（又）五而志於學；三十而立；四十而不惑；五十而知天命；六十而耳順；七十而從心所欲，不踰矩。」

《論語・為政》

孔子小時候和一般孩童一樣，八歲入小學，接受童蒙的基礎教育，十五歲入太學，這時智慧成熟而知道立志。他是立大志要學習聖賢之道；三十歲便能明道達禮，可以堅定自立；四十歲已經志強識廣，經明德茂，便可無所疑惑；五十歲勤讀《易經》，窮理致性，洞徹生命之精微，領悟天命之終始，可以明曉天賦予人的使命；六十歲更耳聰目明，

▲古時孔門「聖教圖」

聲入心通，一聞他人之言，即知其中微旨，毫無違逆；七十歲更智德圓融，一言一行，都能從容中道，合情合理，不會超越法度。可見孔子一生的德業都是終身學習、循序漸進的成果，所以終於能達成至聖的境界。他也以這樣的精神教導了弟子。

不錯！我們依此角度看經營之哲：他一生進德修業，從花壇國小、彰工、台北工專、田邊諮詢、PHP研究所、盛和塾，到自修、剪報、學外語，一路走來，過古稀而不懈，達至中國「經營之哲」的高度。同時他也以這種高度督促幹部讀書，與他同步成長。這與孔子的「學之不厭，誨人不倦」的精神相當雷同。

四、勤學成功的高度與企業的典範

勤學才能成長，才能跟上時代的腳步；而成長是企業的第二生命。所以古今中外成功的學人、企業家，沒有不勤勉好學的：

(一) 半部《論語》治天下的趙普

知識是發展事業的樞紐，更是行政治國的不二法寶。我國古來有「半部《論語》治天下」的佳話，成為學術治國的特殊範例。

話說輔佐趙匡胤建立宋朝的趙普，連任了兩朝的宰相。宋太宗時，有人質疑他平生所讀只有《論語》一書，太宗曾以此問趙普，趙普並不隱瞞，對曰：「臣平生所知，誠不出《論語》範疇。昔日我以半部《論語》，輔佐太祖定天

▲宋朝的開國宰相趙普

下：今日我也要以另半部《論語》，輔佐陛下致太平。」「半部《論語》治天下」這句話啓示世人：一部好書之「精讀」與「用心」，可以功用無窮。

(二) 印刷工人出身的富蘭克林

　　十八世紀美國出了一位大家耳熟能詳的人物富蘭克林。他原來只是個微不足道的印刷工人。但他有志氣，立志作個大企業家。因而他時常鞭策自己，不斷地讀書、記錄與研究，廣及很多不同的領域，孜孜矻矻，按部就班，循序漸進，至老不休。最後一生集文學家、出版家、科學家、企業家、政治家於一身，更是〈美國獨立宣言〉起草人之一，並創辦賓州大學。至今每年生日，師生都成群結隊地去吻其銅像。這是好學成功的最佳典範。試問世界幾人能夠擁有這項榮譽呢？

(三) 一天至少閱讀三小時的張忠謀

　　又如台積電創辦人張忠謀的好學、遠見、積極、胸懷、愛心，處處令人震撼。他年過八十了，仍手不釋卷，一天至少閱讀三小時，從大小企業的經營到大國政治經濟及歷史的書籍都看。週末甚至到六、七小時。因爲他的好學勤學，才能讓我們看到了他的企業之成功與胸懷之高度。

　　據張忠謀自己說，他的好學是因爲從小就培養了濃厚的興趣。在他讀過的那麼多書當中，讓他印象最深刻的是他大一所修的「古典英美文學導讀」。那時候他才剛到美國，英文還不太懂，就開始念英美古典文學，念得很辛苦。結果就是因爲這門

課，發達了他的右腦，愛上了閱讀與文學，產生了一種對人文的關懷。他認為這是生命中最重要的一門課。

可見勤勉力學，也可以培養出讀書的興趣與好學的習慣。值得年輕人省思。

(四) 2010年世界盃麵包大賽冠軍的吳寶春

吳寶春生長於屏東鄉下，家境貧窮，十歲父親過世，由母親扶養八個孩子長大。他排行老八。升國中時還不會注音符號，國中畢業後（15歲）北上當麵包學徒。

他國中畢業還認識不到500字，但當了麵包師傅後，為了看懂烘焙的書，特地去學日文，拼命勤讀，在日語書中初步認識了微生物，發現原本看不見的東西居然能創造出新的風味。後來又跟麵包師傅陳撫洸學習新式麵包。前後總共努力了十多年，終於成功了。2010年世界盃麵包大賽，他獲得到了世界冠軍、金牌獎。一個認識不了幾個字的國中程度，卻能在重新學習後找到自信心，開創了成功的人生！可見只要努力，人人都可以因勤學而讓美夢成真。吳寶春的曲折奮鬥故事，應該值得企業界的省思。

五、總結：今日企業必須重視「知識經濟」，趕上潮流

大家要切記：今日的百變時代，「知識經濟」已取代了「工業經濟」成為時代的主流。經營除自己勤學外，還必須創造「團隊勤學」才能跟上時代、超越時代。

「知識經濟」是今日世界二十多年來最熱門的經濟話題。它

是把知識的積累看作經濟增長的一個內生重要因素，認為知識可以提高投資效益，知識積累是現代經濟增長的源泉，以色列名言：「如果不讀書，行萬里路也不過是個郵差。」道出了「行萬里路，勝讀萬卷書」的迷失。

達爾文的《演化論》以為物種競爭是「適者生存，不適者淘汰」。其實企業競爭更是「進步緩慢就被淘汰」。因此，知識經濟既是企業經營進步的動力，領導人、幹部的知識若不能跟著提升，那只有等著被時代淘汰的命運了。

尤其近來尖端科技突飛猛進，譬如美國推「製造業回流」，強化先進材料與先進生產技術。德國推「工業4.0」，強化智慧工廠。日本則推「機器人新戰略」，發展未來工廠。

台灣2014年則推「生產力4.0」，要發展「智慧製造」與「智慧服務」的「聯網服務系統」，企圖把「智慧機器人」、「物聯網」、「巨量資料」串連起來，希望趕在時代的尖端。所以企業界要把握契機，日新又新，趕上時代。

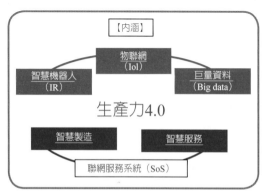

▲台灣經濟部生產力4.0推動架構

經營之哲說：「身為企業經營者，自己要不斷地讀書，追求『與時俱進』的知能，做為員工的好榜樣，也才能帶領千里長征。」

　　不錯！經營之哲因為自已勤勉好學，提升了「經營理念」與「知識經濟」，擁有豐沛的「文創」能力，開闢了「合璧王國」。更重要的是他高瞻遠矚，培訓了「能征善戰」的「合璧團隊」，才能如虎添翼，創造了「合璧世界」。這是很值得有心人的揣摩與研究。

　　所以聰明的經營人要讓員工多讀書，啓發「宏觀」，培養「利他」的價值觀，趕上時代的脈動，讓他們喜愛工作、喜愛公司、喜愛自己能為社會做出奉獻。那麼你的公司價值自然「水漲船高」。

　　1919年，「巴黎和會」帶給人們莫大的衝擊。北京大學校長蔡元培，呼籲學生要起來救國，一再強調「讀書不忘救國，救國不忘讀書」。其實，今日企業界更身繫國家之命脈，企業界應該效法蔡元培的精神，共同呼籲「經營不忘讀書，利己不忘利他，興業不忘興國」。

▲明儒顧憲成畫像

※哲人對話錄

明儒顧憲成有名聯曰：

風聲、雨聲、讀書聲，聲聲入耳；
家事、國事、天下事，事事關心。

經營之哲看了，臨機一嘆而云：

書聲、禪聲、械機聲，聲聲入腦；
家業、企業、慈善業，業業縈心。

第五章　經營者處世有哲學

引題：小詩輕唱

> 德仁企業自何求？合璧經營理念優。
>
> 處世條條緣哲學，問君才德怎生偷？

見賢思齊：師法重點

> ・認識哲學的意義、功能。研究哲人的處世哲學之高度。
>
> ・思索或訂定自己切身的處世哲學，爆發成企業的明燈。

一、處世哲學是源於需要，必須切身精選，引領人生方向

哲學是什麼？眾說紛紜，相當玄虛，至今難有定論。

德歌德說：「哲學是成熟的理性。」

法雨果說：「哲學是思考的指南針。」

羅馬霍諾留斯說：「往何處？為什麼？怎麼走？這就是哲學的一切。」

我國胡適在《中國哲學史大綱》中稱：「凡研究人生切要的問題，從根本上著想，要尋一個根本的解決：這種學問叫做哲學。」

朋友，這些大學者的說法，你看懂多少？

其實，說來說去，都令人成了「丈二金鋼」。我們換個說法吧！

一般而言，哲學是指導人生道理或處理事情的學問。古今聖賢的偉大，就在於他們提點了萬世眾人之生命的價值和人生的意義。哲學的探索可以解決人類感情的痛苦、意志的徬徨、人生的迷惘，甚至可以修身成德，安身立命，求得「獨善其身」。

擴大來說，哲學也是一種「經世濟民」的學問。有些哲學可以做為改造政治、社會的南針。有些哲學可以啟示人類的命運，指出社會的走向，進而改變人群，改造社會，達成「兼善天下」。

《大學》云：「誠於中，形於外。」處世哲學就如存於人心的明燈，可以啟發人們作理性、正向的思考與選擇，引領人之心靈邁向高價值的生命，所以人人各有自己的處世哲學。但多數人卻日常用之而不自覺。譬如有人重視修身，為人就很謙遜忍讓，髒話不出口；有人喜歡表現，處處鋒芒畢露，事事大放厥詞。若問他的處世哲學為何，可能都搖頭以對。所以像水中之影，有時只可會意，不易言傳。不過智者、強者則不然，因為他們有理想，自我有期許，會給自己的生命下賭注，為自己的人生訂目標，做為努力的方針。尤其公眾人物，包括企業家，因為他們「動見觀瞻」，有指標的意義，有教化的使命。有時還要標榜出來，以為典範。

稻盛和夫在《敬天愛人》書中，特別強調企業的經營不能缺少哲學的涵養。這是金科玉律的一席話，可給企業界當頭棒喝！

二、哲人嚮往左宗棠的境界，選擇高理想而低享受的 哲學

就如前三篇所述，合璧工業股份有限公司董事長詹其力（簡稱經營之哲或哲人），一則可能有祖先的DNA「利他」之基因，他期望恢弘祖德「為富而仁，好善樂施」。所以他選擇了崇高的人生理想。其次，他不信「祖先榮光」喚不回，所以立志要打破「富不過三代」的魔咒。這些都必須一步一腳印，步步為營。所以他選擇了生活低調。

▲哲人期待著真善美的哲學

經營之哲就在這「理想崇高」、「生活低調」的兩大前提下，選擇他的處世哲學。其次，他一生受日本文化的影響很深，尤其對日本人企業經營的嚴謹，烙下深刻的印象。也應該是影響選擇的一大因素。

因此，經營之哲創業後就決定走日本的經營模式。一方面閱讀當時日本「經營之神」松下幸之助與「經營之聖」稻盛和夫兩人的許多書刊，了解了「經營哲學」與「經營理念」的概略。四年後就和日本知名的田邊諮詢公司簽約，接受輔導，更深受影響。

從此，經營之哲了解了企業經營者的理念是源自於個人的「處世哲學」。於是就開始思考要開啟「三代不敗」的經營，要

先建立何等的「人生哲學」？因而尋尋覓覓，在許多古聖先賢的名言中，選定清代儒將左宗棠之聯語做為「處世哲學」的圭臬。

右圖是左宗棠約於1885年左右，題於江蘇省無錫市榮毅仁府梅園之對聯。

經營之哲就依著自己的境況，將「就平處坐，向寬處行」改為「尋平處住，往寬處行」，更動了三字，更貼近自己。聯云：

▲無錫梅園左宗棠對聯

　　發上等願，結中等緣，享下等福；
　　擇高處立，尋平處住，往寬處行。

上聯首句表達自己遠大之胸懷，二、三句則說只求一般身分，過普通人的生活。

下聯首句是說人要站高處，凡事才看得遠；二、三句則說做人要謙遜、平淡，居普通位置；但向大道走，不與人爭。

兩聯都寓寄著穩健出發，高瞻遠矚，從平凡中邁向偉大。

三、哲人實踐處世哲學，處處可見儒家精神的履痕

我國古代哲學最重要的兩派是儒家與道家，都源自於《易經》。《易‧繫辭》云：「形而上者謂之道，形而下者謂之器。」道家就選取了形而上之道，就是「天道」。儒家選取了形而下之器，就是「人道」。因此，儒家重視倫常道德，偏於生活

層面。今天我們看經營之哲的處世哲學也偏於人與人關係的生活層面。試看：

(一) 享下等福、尋平處住

我們可以想像：「享下等福」應該是重視勤儉惜福，不奢靡放縱；正所謂一粥一飯、半絲半縷、粗茶淡飯，無不珍惜。

「尋平處住」應該是腳踏實地，平實謙沖，做人中人，行人中事；不露鋒芒，不占風頭。

試想，今天合璧已是多國型企業。但經營之哲一部沒冷氣的老爺車竟然開了三十幾年。住的是近四十年未曾整修的老房子。常常穿著開口笑的皮鞋、脫線的西裝。而他每月的生活費不到1萬元，卻月月捐出2、300萬元做公益。這是「安儉樂道」精神，是實踐了他的「享下等福，尋平處住」哲學。

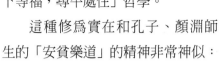
▲幹部參訪30幾年的老書房

這種修為實在和孔子、顏淵師生的「安貧樂道」的精神非常神似：

子曰：「飯疏食，飲水，曲肱而枕之，樂亦在其中矣。不義而富且貴，於我如浮雲。」《論語·述而》

孔子自述說：吃碗粗飯，喝杯白水，彎著胳膊當枕頭睡覺，那麼讀書求道的樂趣就在其中了！不正當得來的富貴，我覺得就像天上的浮雲一般，一點都不動心。

子曰：「賢哉！回也。一簞食，一瓢飲，在陋巷；人不堪其憂，回也不改其樂。」《論語·雍也》

孔子稱許顏回吃著一竹筒的飯，喝著一葫瓢的湯，住簡陋的巷子；一般人都無法忍受這種憂苦，但顏回不改變讀書求道的樂趣。所以稱讚他的賢德。

兩者都是「安貧樂道」的寫照。和經營之哲的「安儉樂道」比較，只是「安貧」與「安儉」的差別而已。

(二) 結中等緣

「結中等緣」應是以平常心處世，淡泊明志，平易近人，結交的只是一般人士；不好高騖遠，不攀龍附鳳，不炫耀身分地位。

不錯！經之哲營一向正派經營，不走偏門，不攀附權貴，交友也不廣闊，他結緣最深的是公司的員工，特別是幹部。合璧員工的向心力很強，原因之一就是他的身段柔軟，親和力夠，事事以身作則，和員工的生活打成一片。路上和員工互相打招呼，早晨和員工一起排隊吃自助餐，還替員工夾荷包蛋，無怪乎員工都很喜愛他，叫他「詹爺爺」。大家融入一個大

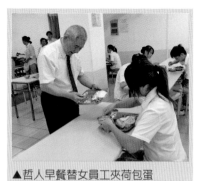

▲哲人早餐替女員工夾荷包蛋

家庭裡，和樂融融。這是「結中等緣」的最佳寫照。

和員工結中等緣，經營之哲還有幾項法寶，譬如每年都會帶

著員工作健康休閒活
動，像晨跑、健行、
爬山。最特別的是下
水「浮潛」，他還親
自當教練，下水游龍
作示範。又如黃山健

▲哲人（中穿潛水衣）率員工海邊浮潛

行，因爲路遙山陡，來回要八、九個小時。他怕員工太累，都帶
著一大批酒食，爬到半路時，停下來大家大快朵頤，在酒酣耳熱
之際，一起歡笑，一塊唱歌。然後就打道下山。當晚夜宿五星級
的招待所。這是借著「同樂」拉近員工的情感。

　　另一法寶是國外旅遊見學，他都親自帶隊。譬如近年來就舉
辦了「上海 合璧公司日本見學」、「合璧文化源點傳承台灣見
學」、「上海合璧公司 泰國見學」，其他還常辦員工國內的旅
遊，如張家界、黃山等。他這種放下身段、紆尊降貴，與員工結
下了很多的「中等緣」，誠然非常難能可貴（詳見第11章〈公司
學校化〉）。這種平易近人的修爲很類似於孔子待人處世的「中
和」態度。

　　子溫而厲，威而不猛，恭而安。《論語・述而》

　　這一章是弟子對孔子日常生活的記敘。可見孔子平日的容態
是溫和卻有點嚴肅，外貌威嚴卻不很兇猛；態度恭謹卻很安詳。

　　這種中庸的處世修爲，平易近人，容易廣結善緣，使人傾
心。

(三) 發上等願、擇高處立

「發上等願」深寓著期許建功立業，博施濟眾，照顧蒼生，有「兼善天下」的濟世情懷。「擇高處立」是立大志，居高望遠，引領群雄，實現理想。

兩者都有「經世濟民」、「以天下為己任」的氣概。這種氣概，宋之理學大家張載的「橫渠四句」說的氣象最高：

張載以為讀書人應該要

「為天地立心，為生民立命，

為往聖繼絕學，為萬世開太平。」

（參見第3章〈經營者有志氣〉「古今對話錄」）這是很崇高的胸襟。

▲張載（橫渠）畫像

張載是呼籲讀書人應效法天地生生不息的化育萬物之心，重建人類仁義道德的精神，恢復天地之正氣；其次，要替百姓建設各種幸福生活的措施，讓人民有活路，可以安身立命，發展生機；再其次，要承續斷絕很久的「堯、舜、禹、湯、文、武、周公、孔子」諸聖之學術道統，發揚光大。透過這三種努力，才能為人類開創永久「安和昇平」的無疆之美，這是非常崇高的胸襟。

這「橫渠四句」最能表達出古來儒者的襟懷，也最能顯示出儒家的器識與宏願，是歷來讀書人最高的嚮往境界。

經營之哲也說過，企業家應該「為工廠立心，為員工立命，為企業塑理念，為社會創幸福」。

兩者相較，應只是格局大小的差別，但用心非常類似。

其實，經營之哲立志要「爲富而仁，好善樂施」，而且要破除「富不過三代」的魔咒，還要「挑戰百年幸福企業」，這些都是很崇高的襟懷，可以說都是「發上等願」、「擇高處立」的最佳寫照。就像孔子立志學「聖、仁」的修爲一般，期望天下達成「社會大同」的理想。

(四) 往寬處行

「往寬處行」應是指爲人寬厚，肯納雅言；行事踏實，走正道，留餘地，得讓人處且讓人；生意來往講誠信，守諾言。這樣一定到處受人尊敬，受人歡迎。那麼人生之路自然很寬廣。

我們以此角度看經營之哲，他把「共生共榮，感謝報恩，回饋社會」列爲經營的主要目的，使員工心悅誠服，讓顧客喜歡，讓協力廠商尊敬，社會尤爲肯定。這樣經營起來必然左右逢源，一帆風順。試問：天下還有什麼道路比這樣的大道更寬廣的呢？

這個境界，孔子說得最好：子張問行（音形）。子曰：「言忠信，行（音杏）篤敬，雖蠻貊之邦行矣；言不信，行不篤敬，雖州里行乎哉？」《論語・衛靈公》

子張是問怎樣才能處處行得通達。孔子則說：只要說話忠誠信實，行爲篤厚恭愼，即使在文化不發達的國度也能行得

通；否則，即使在自己的鄉里也行不通。孔子主要說明「忠信篤敬」四字是處世的通達大道。

假如換個角度看：人要「往寬處行」，爲人做事也一定要「忠信篤敬」才是最寬廣的境界。

其實，孟子也說得「不遑多讓」：

孟子曰：「仁，人之安宅也。義，人之正路也。曠安宅而弗居，舍正路而不由，哀哉！」《孟子‧離婁》

因爲「仁」是人心的本體，人人天生本然就具有這種善性。所以說是人們最能安處的地方。「義」是仁心之生發，是人人應走的大道，所以說是人們最正當的道路。不過，孟子哀嘆人們卻空著最安定之處而不居，捨棄最正當的道路而不走。所以慨嘆良深。

不錯！經營之哲的經營目的是要「創造價值，共生共榮，感謝報恩，回饋社會」，這就是儒家所謂的「仁、義」大道。合璧公司每年如實地拿出盈利的5%從事社會公益，拿出25%作員工福利，讓員工入股分紅。這是講忠講信，說到做到。再由他的「尋平處住」、「結中等緣」、「享下等福」的處世哲學看，都隱含了「篤厚恭愼」的努力。所以說如果孔子、孟子有幸生於這個時代，他一定會大聲慶幸地說：「吾道不孤也！」

俗語也說：「有理走遍天下，無理寸步難行。」說的也是這般道理。所以企業經營也應該講求「居仁由義」、「忠信篤敬」，才能開啓事業的大道，處處受人肯定與信任，才能可大可久。

四、處世哲學自古流行，近世也偶有典範

(一) 日本「經營之聖」稻盛和夫重視基本價值

　　稻盛和夫在《稻盛和夫經營術》書中提綱挈領地說明：企業領導人需要具備一套自己的經營哲學。他強調自己經營京瓷公司（世界五百大）期間，一向都本著「公平、公正、正義、勇氣、誠實、忍耐、博愛」的基本價值，所以能培育傑出的倫理道德之觀念與企業文化。這七項原則，就是他的處世哲學。

　　他又說：「經營不一定需要什麼高水平的哲學，有時只是一些小朋友都學過的『不說謊、不騙人、需正直』之類的基本道德。」

(二) 美國經營之神杭茲曼憑藉的只是誠信

　　杭茲曼是美國經營之神。《富比世》雜誌曾列名美國最有錢的企業家，一手從0到建立120億美元的企業王國，憑藉的只是傳統古老的價值「誠信」。他在《贏家說真話》書中說，他一生的成功要訣，只是回歸孩提學到的良善價值。這樣，當然短期必須付出代價，這是正確的道路，也是最佳的商業策略。這種說法不是正好和稻盛和夫不謀而合嗎？

(三) 香港首富李嘉誠以中國古代的哲學修身

　　一些有遠見的企業人，都會謀慮到身後，譬如李嘉誠對孩子的教育，就訂有五條的教育哲學：

　　1. 做正直的人要考慮對方的利益。

2. 注重孩子的文化教育。

3. 教育孩子不要太計較個人得失。

4. 給孩子磨礪的機會。

5. 告訴孩子處世哲學。

李嘉誠告訴孩子，工商管理要學西方，但個人的為人處事，要學習中國古典的哲學思想，不斷修身養性，以謙虛的態度做人，以勤勞、忍耐和永恆的意志作事，去規劃自己力爭上游的人生戰略。

五、總結：人生需要哲學，企業經營更需哲學引領方向

孔子說：「見賢思齊。」今天我們品味以上成功人物的處世哲學，可知建立處世哲學並不困難，難在如何選擇以適切自己？難在持之以恆，難在徹底執行，難在執行到成功。

那麼，如何建立處世哲學呢？這可能因人而異，每人可以就自己的個性、處境、理想或事業之需要，做嚴謹的思考，也可以見賢思齊，截取古聖先賢的風範、名言，更事半功倍。

譬如有人以為自己太急躁，那麼「忍一時風平浪靜，退一步海闊天空」就很適合。如果有人以為自己太貪婪，氣量又窄，那麼「無欲則剛，有容乃大」則很貼切。

如果你很重視齊家，那麼「孝順、友愛乃行仁施愛之本；敬長、慈幼乃成功立業之道」、「孝子之深愛者，必有和氣；有和氣者，必有愉色；有愉色者，必有婉容」，都是好題材。

如果你很重視創業、敬業：那麼「業精於勤，荒於嬉」、

「優勝劣敗，適者生存」、「智者生活於希望中，成者存在於勤勉內」、「英豪事業，識見要高，規模要大」，都可參考。

當然大多數人壓根兒沒想過自己的處世哲學，日子也過得好好的，人生何苦多此一舉！誠然，話是說得的確不錯，但豬狗牛馬，有的也一輩子活得好好的呀！但畢竟我們是「人」，「有心」和「無心」、「用心」和「糊塗」的人生，最後一定有差別。關鍵都在自己一念之間。稻盛和夫最經典的一句話：「既生而為人應該怎麼做？」實在值得「生而為人」的我們好好咀嚼、領會。

尤其身為企業家、群眾領導，動見觀瞻，一出手一投足，甚至關係著千千萬萬的生靈，你真能安心「糊塗又逍遙」嗎？

▲稻盛演講的海報（合璧提供）

經營之哲就是秉持著稻盛和夫的「經營需要有哲學」的觀念，及早建立了自己的處世哲學，引領了經營的方向，因而一帆風順，邁向了成功。這是成功經營的明鏡！

※哲人對話錄

我國俗語說：「吃得苦中苦，方為人上人。」

經營之哲則說：「吃得苦中苦，做得人中人。」

第六章　經營者經營有理念

引題：小詩輕唱

　　火車有軌萬方鳴，巴士失輪何可行？

　　企業經營無理念，紅塵滾滾怎長征！

見賢思齊：師法重點

　　‧研究哲人經營理念的凝造、精義與揮灑的高度。

　　‧窮研自家的企業特色、目標，量身打造理念，切實
　　　揮揚。

一、理念雖然很玄，經營理念卻是企業成功的引擎

　　理念、經營理念是什麼？這又是很抽象的噱頭，卻很重要！

　　美國學者愛默生說：「理念是一種理性的思想，乃為實現心願而產生的能力。」那麼理性又是什麼？

　　法學人盧梭說：「理性是積聚了很多人的經驗，不斷地聚合、選擇、整理，而成為自身的觀念。」

　　英學者波林布克說：『理性概念是使愛自己與愛社會的心趨於一致。』

　　綜合而言：經營理念乃企業經營

▲哲人學沉思者沉思理念

者的一種正向理性的思維模式，是來自良心之處世哲學的昇華，使利己、利他取得平衡，引領企業的方向，邁向成功。

不錯！合璧工業公司董事長詹其力（以下簡稱經營之哲或哲人）的經營理念之形成就是如此。

經營之哲先訂定了「發上等願，結中等緣，享下等福；擇高處立，尋平處住，往寬處行」的處世哲學，做為訂定「經營理念」的指針，然後開展思索與凝聚「經營理念」之旅。

二、合璧的「經營理念」竟是源自世界三大古文明的精華

(一) 哲人訂定「經營理念」的有趣故事

經營之哲曾經述說他聘請田邊經營諮詢公司為顧問後，在第一次接受輔導時的上課對話，有精彩的描述：

講師問：「貴公司的經營理念為何？」我答：「經營理念是什麼？」講師說：「即如何經營？為何經營？」我答：「『如何』是努力不懈，誠實地……至於『為何』是換更大車……」講師又問：「那麼換了大一點的車以後，接下來呢？」我答：「我想買個房子。」講師又問：「買到個房子以後呢？」我答：「我想要買工廠。」講師又問：「那買到工廠以後呢？」……那時候的我，根本沒有認真思考到底「經營為何物？」

當時台灣的中小企業剛在起飛，缺乏經營理念，只知道企業

就是要賺錢，賺更多的錢，可以買香車、洋樓、美女……盡情享受。

　　經營之哲從田邊顧問的輔導中，了解了「處世哲學」可以引導「價值觀」。「價值觀」包括人生觀、事業觀、社會觀、世界觀、天人觀……。正大的處世哲學才能引導出正大的價值觀；正大的價值觀才能產生正大的「經營理念」。

　　經營之哲就是有「發上等願」、「擇高處立」正大之「處世哲學」，才導引出「利他」、「博施」的「價值觀」。又因「利他」、「博施」的「價值觀」，使他聯想到人類二千五百前的文化「軸心時代」，古文明到達了高峰，已經具有「利他」、「博施」的思想。於是萃取中國、印度、希臘的三大古文明之精粹，凝成了合璧企業的「經營理念」之主軸。

▲合璧公園的孔子像

(二) 哲人敘說萃取三大古文明的花花朵朵

　　經營之哲如是說：「世界三大古文明中，最早的是中國儒學家孔子，在黃河邊思考「人與人之關係」的倫理觀。所以他就萃取了「誠信」、「感謝報恩」、「回饋社會」三項。

　　其次他再想到約晚七年的印度宗教家釋迦牟尼，在恆河邊思考「人與天之關係」的天人觀。他萃取「天人合一」、「禪」兩項。

　　再其次又聯想到約晚孔子百餘年的希臘哲學家亞里斯多德，

在愛琴海邊思考「人與自然之關係」的自然觀。他萃取「共生共榮」、「眞善美」兩項。

經營之哲就這樣「三合一」而凝就了合璧的經營理念爲：

創造價值，共生共榮；

感謝報恩，回饋社會。

後來又擴而充之，加上兩句「經營策略」，成爲：

不斷地思考與行動，

誠信蛻變創新卓越。

創造價值共生共榮，

感謝報恩回饋社會。

▲合璧公園釋迦牟尼、亞里斯多德像

經營之哲又說：「理念的灌輸要時常不斷地傳播、實踐與監督，長久的堅持下，慢慢深入了大家的腦海，慢慢習慣。這樣長久內化、滲透不放，才有成效。」

因而他爲了把「經營理念」落實於所有員工的心中，特地刻勒於巨石上，放置在公司大門旁沉思的「思考者」前，讓員工每天可以耳濡目染。足見他對「經營理念」之重視與用心。

▲合璧公園的經營理念碑

經營之哲又說：「只要做到這八項理念，就是達到眞、善、美的領域；只要達到眞、善、美的領域，那麼『人與人』、『人與自然』的關係，就是一片和

諧、圓融與平和，這就是《易經》所謂『陰陽交感、上下互通、天地相交、萬物安泰』的『既濟』卦象。也就是達到了『天人合一』的境界。」

當然這種境界說來容易，而要完美地達陣實非易事也。

三、哲人推動「經營理念」分「心」「腦」兩路與內化

(一) 合璧的經營理念分「心」、「腦」兩路作戰

不斷地思考與行動，
誠信蛻變創新卓越。 ─ 如何-用腦(做事)
創造價值共生共榮， ─ 心腦合一(經營)
感謝報恩回饋社會。 ─ 為何-用心(做人)

經營之哲再針對他的經營理念之開展，作了較詳細的分析：他分為「用腦」與「用心」兩個主軸，若以圖表來表示，則如下圖：

經營之哲以為，人生要修「天人合一」；但企業經營要修「心腦合一」。如上圖：企業經營者必須具有做事的知識與能力，使「知行合一」。其次必須同時「用心」與「用腦」。「用

心」指經營理念，「用腦」指經營策略。只有「心腦合一」作規劃，「知行合一」去行動，使「策略」與「理念」並進，才能共進於「天人合一」的境界。

(二) 合璧經營理念的內化之祕法

大家要知道，經營理念必須讓全體員工認知、認同，並認真落實於思想、行為與工作上，才能發揮最大的功效。

經營之哲說：「經營理念的推展，最重要必須內化，融入員工生活工作之中。」合璧在落實理念內化上，是從言教、身教、境教多管齊下。境教包括藝術化、宗教化、學校化，面面俱到。言教、身教更費盡苦心，以修煉、精進為主軸，有如「時雨之化」：

1. 經營理念的內化之要項

(1) 經營者以身作則，譬如董事長親自掃廁所，擦地板、撿垃圾，引領員工投入「禪・5S」之修煉，營造乾淨、和諧、勤奮的環境。

(2) 推動「禪・5S」修煉，讓99%以上的員工，每天自動提前一小時到工廠，義務作整理、整頓、清掃、清潔、教養之修煉心靈，激發員工之愛心及向心力，培育利他、貢獻社會的公益情懷。

(3) 推動關心、關懷、關照活動，使工廠形成「一家人」的氛圍，讓員工人人有溫心、溫暖、溫馨的感覺。

(4) 使工廠公園化、藝術化、人文化，融入生活與工作之

中，陶冶性情，涵育德養，
以內化為企業文化，形塑企
業形象。

(5) 工廠學校化：每天有
早會、體操、精神訓話，休
息時間播放古典音樂，平時還有社團活動、定時教育訓練，使員
工得以終身成長。

(6) 推動六項精進之修練：要付出不亞於任何人的努力，要
謙虛戒驕，要天天反省，活著就要感謝、積善行、思利他，不要
有感性的煩惱。

2. 經營理念內化的步驟，也等同於在培養人才

合璧經營理念之實踐，步步為營，循序漸進，從：(1)認
知、(2)認同、(3)實踐、(4)滲透、(5)傳播、(6)活用，到(7)繼承，
一貫而下，使經營理念完全融入生活中，表現於工作上。

經營之哲一再重複地說：「理念需要滲透不放，深入了員工
的腦海，慢慢習慣，才有成效。長久內化後，人才就培養出來
了。」

3. 經營理念的內化，同於孟子所謂的「得其心有道」

孟子曰：「得其民有道：得其心，斯得民矣。得其心有道：
所欲與之聚之。」《孟子‧離婁上》

孟子認為要獲得民力，只要得到人民的歸心，就得到人民
了。要得到民心：人民想要的東西就給他們，並幫他們積聚起
來。

合璧經營理念能夠讓全體員工所認同，形成了每個人的使命、願景、宗旨與價值觀，便是內化的成功。所以獲取了員工的傾心與竭力。這與孟子「得其心有道」的宗旨很類似。

四、哲人實踐經營理念，正見處處與儒家思想相契合

(一) 合璧的誠信、不斷創新之經營理念的實踐

1. 誠信

　　誠信是做人做事的根本。我國古來把「仁、義、禮、智、信」稱爲「五常德」。《論語》中也一再示人「與人交言而有信」。孔子更說：「人而無信，不知其可也？」直截地指出：如果不講信用，就不知道他還能做

▲合璧公園立有「誠信」石碑

什麼事？尤其企業界不講信用，一定被打進「拒絕往來戶」，永難翻身。

　　無怪乎美國經營之神杭茲曼，以「誠信」做處世哲學。而經營之哲創業以來，也最講究「誠信」，公司的盈虧每個月公布，以取信於幹部；與廠商支票往來，都是提前一、兩天兌現，從不拖欠或黃牛；年關前夕，更會體恤對方錢關之困難，常常提前支付。贏得所有廠商的肯定與尊敬。所以大家都非常樂意與合璧公司時相往來。這種講信之誠，很契合《論語》中的「信以成之」一語：

子曰：「君子義以爲質，禮以行之，孫（同「遜」）以出之，信以成之：君子哉！」《論語‧衛靈公》

這裡孔子是談君子立身處世的「體」、「用」問題。君子是以「義」爲「體」（「體」就是本質），以「禮、遜、信」三者爲「用」。「用」就是實踐。詳言之，君子是依禮法去實行「義」，以

謙遜表現「義」。最後必須以「誠信」才能完成「義」。可見「信」是「義」的最後里程，其重要性不言可喻。

譬如台北從事車輛維修設備進出口的啓順興公司的董事長姚能鑽，也是台灣藝術大學兼任老師，身跨兩行，都是極頂尖的角色，但他竟是雲林　莿桐的貧困農家出身。他的成功與合璧企業經營之哲有許多雷同之處。譬如他也很重視員工的福利，令員工有「一家人」的歸屬感。公司除了有優厚的薪資外，也拿出利潤的25%給員工分紅，使員工能心無旁騖致力於工作上。尤其他非常重視「誠信」，一生恪守「決不說謊」、「說實話」的原則。一向只介紹自己的特

▲姚能鑽教授攝於其工廠啓順興

點，不批評別人的缺失。他以為買賣不成仁義在，一定尊重客戶
的決定，不說一句勉強的話。很巧合地，他的上下游客戶也以日
本為主，日本人看重他的就是人品，而長期和他交往。

他說了一件很令人感動的小事：有些客戶拿了別家的不良品
前來更換，員工想要拒絕，他則二話不說地同意更換。他認為供
應商應給客戶方便，尤其客戶需要幫忙的時候，應該先伸出援
手，讓他解決問題。

但台灣企業界也有反面的例子，譬如2015年中，就有大型企
業如力霸、台鳳發生掏空案，台塑、鴻海發生高級幹部回扣案。
中小企業可能不在話下了。

因而企業界應該積極建立各自的經營理念，訂定企業倫理規
範，倡導共生共榮與社會責任，以正向的經營理念改善經營策
略，提升員工的服務品質，健全內部治理與風險管控，促進企業
體質的優質化。能夠如此，企業的誠信自然在其中了。

2. 不斷地思考與行動，蛻變創新卓越

「不斷地思考與行動，蛻變創新卓越」，這是技術與行銷之
層次。「不斷地思考」是原點，「行動」是執行力。「蛻變創
新」是成果。「卓越」是特殊的成就。這是公司發展的不二法
門，很多企業無不使盡渾身解數。或許合璧企業比一般公司亮眼
一些而已。

其實，《大學·釋新民》就有這樣類似的啟示：

湯之〈盤銘〉曰：「苟日新，日日新，又日新。」《大學·
三》

　　《大學》相傳是曾參所作，是孔子傳授給他的儒學心法。「湯之〈盤銘〉」是商湯刻在洗澡盆上的銘文，用以自我警戒的文字。

　　文中是說：「假如有一天能確實洗淨汙垢，革新自己；接著就應該天天洗淨革新；而後更要不斷地革新進步。」這就是「日新又新」一語的原頭，是激勵自己「精益求精」的警語。很符合企業界不斷地思考、行動、蛻變、創新的精神，以追求卓越飛揚。

(二) 合璧的共生共榮、感謝報恩、回饋社會之實踐。

1. 共生共榮

　　「共生共榮」原是柏拉圖、亞里斯多德師生所主張的「社會共享」之景象，希望「烏托邦」能創造福利，使全國人人都能「同霑福祉」的境界。引到企業上說，公司要創造福利，與員工一起得到生存與發展的空間，共享昌榮。如此，這個群體自然團結昌盛。

▲合璧公園立有「共生共榮」石碑

　　不錯，經營之哲就是「共生共榮」的實踐者。他將公司營運的利潤，以25%作員工福利。

　　以2014年為例，員工分紅大陸幹部年終紅利最高15個月。本社幹部最高150個月。我詢問了一位中級幹部，他說「7個月」，這個數字已經比一般企業高出很多了。而且公司幹部購置房子，

還可以向公司無息貸款。這樣，公司賺錢了，員工可以分享福利，無怪乎合璧的員工很愛公司，很少流動。經營者這種「共生共榮」的雅量，很契合孔子「己欲立而立人，己欲達而達人」（《論語・雍也》）的仁者胸懷。

2. 感謝報恩，回饋社會

我國古訓，羔羊尚知跪乳，烏鴉更能反哺，人若不知孝順，真禽獸不如！所以古來都認為「感恩圖報」是一種美德。《論語》中示人要「以德報德」，《詩經》中也示人要「投桃報李」。都是「生而為人」應該有

▲合璧公園立有「感謝報恩」石碑

的基本態度。而且還要推而「移孝作忠」，報效國家。

經營之哲深具這個理念，每年還提撥公司營運之利潤5%作為社會回饋。以近幾年看，每年可提撥200～300萬人民幣（新台幣約1,000～1,500萬元）作救濟協助金，每月大都保持救濟40

人上下，救濟的對象遍及詹董的親屬、員工的家屬及社區鄰里。以孤苦貧弱作長期救助的為多，其他還有臨時重病、急難、喪葬等，無不傾囊相助；其中接受救濟最久的有達二十八年之久。據統計，這四十年來，回饋金

▲合璧公園立有「回饋社會」石碑

額高達8,000～12,000萬人民幣（約等於新台幣40,000～60,000萬元）。這些都屬平時的「人道關懷」，長期「助貧安家」，數十年如一日。正實踐了孔子所謂「大同社會」的理想。

當然，經營之哲「感謝報恩，回饋社會」的人數只是略具「大同社會」的雛形；但推究其用心，應該可以相提並論。

五、企業經營理念的其他典範

(一) 日本「經營之聖」稻盛和夫的敬天愛人

稻盛和夫曾現身說法，他的經營哲學就是「敬天愛人」。他更說：「敬天愛人者成」。他即以此理念創造了京瓷與第二電電兩家「世界五百大」的企業，2010年他也以此理念成功地拯救了瀕臨破產的日本航空公司。以小搏大，活生生的鐵證，誰不驚訝！

▲稻盛與合璧顧艷妮經理

他又說他每在面臨艱難的決策時，始終都堅持「作為人，何謂正確」的原則作判斷。這個判斷就是「敬天愛人」的原點。

那什麼叫「敬天愛人」？稻盛和夫的說法：「敬天」就是按照事物的本性做事，堅持著正確的事用正確的方式貫徹到底。而「愛人」就是按照人之本性做事，要利他，要熱心服務他人，創造價值，一切從客戶的角度去考量，去滿足顧客的需求。

不錯！這樣偉大的經營理念竟然這麼簡單！

(二) 統一企業的三好一公道

統一企業自從創業以來，即遵循著企業的創始人吳修齊所秉持之「三好一公道」（品質好、信用好、服務好、價格公道）的經營理念，以多角經營、宏觀眼光、重視人才等方針，兢兢業業地塑造出「誠實苦幹、創新求進」的立業精神。因而打造成為食品的企業王國。

(三) 台積電的誠信正直、說真話

台積電最重要的理念是：誠信正直、說真話、不誇張、不作秀，對供應商以客觀、清廉、公正的態度進行挑選及合作。在公司內部，絕不容許貪汙，不容許有派系；更不容許「公司政治化」。用人的首要條件是品格與才能，絕不是「關係」。這就是正派經營。

(四) 台塑企業的四項理念

台塑企業是老董事長王永慶打下的江山。他的經營理念有四：

1. 以勤勞樸實的態度，追求管理合理化。
2. 永無止境的追求，達於至善之境地。
3. 致力於永續經營，是企業神聖職責。
4. 兼顧社會之公義，發展醫療及教育。

(五) 其他佳例

凌特國際貿易公司的理念是「誠信、品質、專業、負責」。

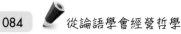

　　台中工業區的振鋒公司的理念是「以一流的產品來自於尖端的製造技術，嚴謹的品質管理，以及永遠創新的研發工程」。

　　金寶電子、仁寶電腦的用人理念，有二十字眞言：「知人善任、分層負責、充分授權、疑人不用、用人不疑」。都可供參考。

六、總結：企業經營以理念創造文化，可以獲取加成的利潤

　　試想：稻盛和夫能「敬天愛人」，張忠謀能「誠信正直」，統一企業能「講求公道」，王永慶能「追求合理至善」，凌特公司的「誠信、品質、專業、負責」，他們的成功都是堅持理念，有本有源，絕無僥倖。

　　經營之哲說：「賺錢的方式有四條路：特權、投機、景氣、正派經營。而我是走第四條。」不錯，「正派經營」應是這些企業家的共同語言。這對尚未成大功的企業，應是一盞閃爍的黃燈。

▲盤手遠望，共生共榮，信心十足

　　經營之哲說：「經營理念是具體的實踐指南，可內化爲優良企業文化，可以創造增加10～13%的利潤；也是吸引一流顧客及一流人才之寶，是企業未來希望的

夢，可以決定企業未來之命運。」

經營之哲又說：「如果員工的敬業度不好，這是因為經營者只給員工物質的滿足，缺乏精神的陶冶。這是企業界要負責任。因為如果只是一味給錢，缺乏精神的陶冶，沒用心靈帶動，員工會越來越貪心。所以也要給員工心靈，讓他們對公司理念的認同，即使物質少些，也不會走掉。」這是信心人的信心之談。

那麼要如何建立經營理念呢？首先，經營者要有寬宏的胸襟，不但要有「分享」的雅量，更要有「共享」的認知。因為無論企業如何發展，都是老闆、員工與社會之共同心血。只有老闆肯用心、員工肯努力，加上社會有安定的舞台，企業才有發展的空間。因而企業賺錢了，應該與員工「共享共樂」，更要有「回饋社會」的高度。這是經營之哲經營成功的最大祕訣。

在此我們綜合分析經營之哲的經營理念，其關鍵之重點就在「共生共榮」與「感恩回饋」上。只有能「共生共榮」，勞資才能共創雙贏，這是企業發展的不二法門；只有「感恩回饋」才能獲得肯定與尊敬，增加企業發展的空間。也只有如此，企業主才算做到了「利己而利他」的「義利合一」之境界。那麼你的企業經營才真正「創造了價值」；企業主才算盡了「生而為人」的責任，人生才有真正崇高的價值與意義。

※哲人對話錄

日本「明治維新」最大的功臣西鄉隆盛年輕時，對社會的虛詐貪汙很不滿，鹿兒島藩主島津齊彬告誡他說：「不斷告發身邊

的人，以為自己的主張正當，但社會不會因此改變；重要的是讓周圍的人了解你的正當性，讓大家願意一起幫忙。」這番話竟讓西鄉隆盛成為「明治維新」的大功臣。

經營之哲也說：「企業經營不順遂，若一味責怪幹部與員工，公司也不會因此而改變；重要的是如何訂定經營理念，讓所有的幹部員工認同，讓大家願意一起努力。」

第七章　經營者經營很用心

引題：小詩輕唱

　　隨吃隨穿活到今，是誰主宰不知尋？

　　人生成敗他關鍵，騰達糊塗看用心！

見賢思齊：師法重點

　　‧研究哲人為人處世之用心、以及延伸到企業經營的
　　　高度。

　　‧檢視自己的用心，自己滿意嗎？規劃用心經營的策
　　　略與預期。

一、經營者用心作榜樣領導，是開展企業成功的利器

(一) 經營人的用心作榜樣領導，就是事事以身作則

　　美國之麥肯錫公司是世界級領先的全球管理諮詢公司。於20世紀中葉興起，是馬文‧鮑爾（Marvin Bower）運用以身作則的力量，影響身邊的同事和客戶而成功的。他在著作《領導的意志》書中說：「以個人榜樣作領導是他的信念，他反對傳統以命令與控制為手段的層級制領導。他深信以榜樣作領導，可以激發人的自尊與自信、精神與意志，是正確有效的領導方式。」

　　合璧工業公司董事長詹其力（以下簡稱經營之哲或哲人）就是採用「榜樣領導」。他的青少年時期是在艱困中成長，培養了

奮發勤勉的習慣。創業後仍然勤奮有加。他經營合璧公司，樣樣「事必躬親」，用「勤奮」的習慣帶動員工，培養了團隊「奮勉」的精神，產生了很大的力量，創造了長年的奇蹟。

奧地利籍而有「現代管理學之父」之譽的彼得·杜拉克說：「才華與成就無關，習慣、態度才是重要的關鍵力量。」這正是經營之哲念茲在茲、緊捉不放的經營祕訣。

(二) 哲人用心以良好習慣作榜樣，培養員工的基石習慣

古人說：「少成若天性，習慣成自然。」用心可以養成習慣，習慣成了自然後，就會主宰著人的一切的思想行為，影響了他一生的成就；甚至會影響相關的團隊，由團隊再影響社會……。

經營之哲說：「有些好的習慣可以引發一連串正向的連鎖反應，引導其他行為模式的改變，這就叫『基石習慣』（Keystone Habits）。譬如人人講究公平正義的習慣，它能像滾雪球般的良性效應，不僅影響個人，整個社會、國家都會帶來推動力。」

不過，習慣像一刀的雙刃，有好有壞，壞的習慣像抽菸、吸毒、好賭、貪得、好利，不僅影響個人的一生，甚至間接影響了社會國家的前景。不可不慎。

不錯！經營之哲一生就是以「用心」、「勤奮」的習慣做為員工的榜

▲哲人以「禪·5S」修煉作榜樣

樣，成為發展企業的利器。首先他釀造「我們都是一家人」的情懷，大家都是同仁，不是工人，使團隊產生彼此「關心、關懷、關照」的感情，發揮「同心、同步、同調」的力量。其次，創造「一日合璧人，終身合璧情」的氛圍，營造了「好，再好一點（Much Better）」的動力，促使「禪・5S」修煉的成功，提升了整個工廠和諧、昂揚的士氣。

　　可見經營之哲一生的成就，就是「基石習慣」發揮之縮影。這一點「隱藏式」的效應，值得我們一起來挖掘與探討。

二、哲人以「四心哲學」作榜樣，開展企業的光輝

　　經營之哲從小就從「勤奮習慣」中養成講究細節的習慣。再以這些良好的基石習慣，以小御大，成為開展鴻圖的武器。現在就以他的「四心哲學」為例，由小看大，讓他的神祕武器無所遁形：

(一) 以苦心的「廁所哲學」，引領員工修煉「禪・5S」的心靈

　　苦心就是辛勤的思慮，深入的謀劃。凡事用心良苦，刻苦努力，因而造詣獨到，非他人所能及，這也叫「苦心孤詣」。

　　或許你會問，「苦心」真的值錢嗎？那就請你看看經營之哲的賣點吧！他經營合璧公司誠然是苦心孤詣，從無到有，開闢了今天的一片天地。或許你又問，他的「苦心」怎麼開始的呢？很簡單，卻很特別，他是從「掃廁所」開始。所以又稱它為「廁所哲學」。

　　他每天早晨六點半上班。上班的第一項工作是打掃廁所，擦

地板，數十年如一日，從不間斷。尤其打掃員工的廁所，最令人震撼，最爲經典。

▲哲人掃廁所出來的景象

經營之哲還曾親自以打掃員工的廁所作示範：員工看他還赤手掏馬桶、扒糞便，把便斗過濾網抽出來刷洗；打掃清洗好後，竟然用擦拭小便池的抹布來擦自己的臉，以證明抹布洗得很乾淨。大家無不目瞪口呆。試問：「董事長紆尊降貴、用心良苦到這般田地，誰不五體投地而掀起效應呢？」

有個員工看了寫到：「我懇切地告訴大家：我感動了！我慚愧了！我醒悟了！自古成大事者，必先做於『細』。原來這就是『禪修、智慧』的眞諦。」感動之深溢於言表。

不錯，天下最大的力量，不是風，也不是雨，而是人的感動。

就是因爲「感動之下必有勇夫」，無怪乎合璧近千的員工，百分之九十九以上，每天都心甘情願地自動提早一小時，到廠區義務作清掃工作；無怪乎偌大的工廠，沒有僱用清潔工人。

經營之哲說：「企業經營必須『用心』，必須先獲得員工的『心』。只要員工也『用心』，工作態度就不一樣；如果『用心』又成了『習慣』，工作效率就更高了。」

第一名店董事長王義郎也常勉勵年輕人：「不要怕貧窮，不要怕吃苦，應該把它轉化爲挑戰人生的原動力。」而「用心」就是「轉化」的原動力。

俗諺云：「吃得苦中苦，方為人上人。」其實，孔子也經歷了這種苦心：

子曰：「吾少也賤，故多能鄙事。」《論語·子罕》

▲第一名店董事長王義郎

孔子三歲喪父，十七歲喪母，命運不順。因為年少時的地位低賤，因而學會了許多粗俗的工作，也養成了許多的工作習慣。這些習慣影響了他一生都能「學而不厭，誨人不倦」。自然令人側目，無怪乎魯大夫會問子貢，夫子怎麼如此多能呢？

可見「用心」可以令人成長，「苦心」可以令人振作奮發。所以無論如何，學習「苦心」都是做大事的啟蒙課程。所謂「創業維艱，守成不易」，即使事業有成，也要持續早年奮鬥的精神與刻苦的習慣，不要鬆懈，更不可驕矜。才可能永續發展。

譬如，前全聯總裁徐重仁的夫人沈美雪，上億身價仍然熱心公益，投入環境掃廁所活動，儘管天氣冷颼颼，依然挽起衣袖，刷起馬桶，一點也不馬虎！

不過現代人似乎沒有什麼苦可吃。因此，有骨氣的人，尤其是年輕人，必須自己「找苦吃」，磨練意志，鍛鍊毅力：譬如努力讀書，勤奮至廢寢忘食；學習技藝，拼命至手胝足胼；企業研究，辛苦到摩頂放踵。「只要工夫深，鐵杵磨成針」，那麼你就可以和孔子一樣博學多能；可以和經營之哲一樣培養出一隊生力軍。

　　有宋大學人朱熹《小學‧善行實敬身》說：「人常咬得茶根，則百事可做。」這除了勉人安貧守道外，也示人要終身保持刻苦的生活：「富而安儉，貴而安苦」。

　　「享福不爲福，吃苦不爲苦」，一個「毅力＋恆心」的人，會把「吃苦」當作一輩子的志業，因而成功也就跟他一輩子。孔子一生栖栖皇皇，經營之哲老來還打掃廁所，應是最佳的啓示！

(二) 以細心的「龜毛哲學」，教導員工事事仔細周圓

　　「細心」原指做事講究細密周到。但是「過猶不及」，一般人稱那種事事過度的細心挑剔，叫做「吹毛求疵」，閩南語則稱爲「龜毛」，似乎變成了反面的意義。不過我們不能一竿打翻整艘船，應該就事論事，在經營學上「龜毛哲學」應是成功的代號！

　　經營之哲素來就非常細心，事事都講求無缺點，零瑕疵，做到盡善盡美。不僅對自己的要求是如此，企業的經營也是如此。

　　譬如：合璧員工出國旅遊見學，他都親自帶隊，旅遊過程中，他時常對員工訓話，要大家謙虛，有禮貌，彼此尊重，互相關懷，並要求注重生活細節：時時面帶微笑，輕聲細語；椅子要輕拿輕放，用餐胳膊不上桌；不亂丟

▲哲人帶員工到日本參訪見學，穿和服團照

垃圾，並隨時撿垃圾；丟垃圾要多走一步，不要發出響聲……可說處處耳提面命，無微不至。無怪乎有人說，董事長不是只在管錢嗎？怎會挑剔到這般田地！

不錯，初聞之下，我也有點懷疑。為了證實這一切，筆者2014年8月，不遠千里，專程到上海廠參訪。看到他們的員工無論在休息、在工作，都是規規矩矩，兢兢業業；在路上看到董事長或客人，都會微笑點頭或問聲好；餐廳裡聽不到些微的吵雜聲，看不到有人把手肘扒在桌上；飯後，椅子全部歸位，桌上看不到一絲殘渣。

這時我才相信「龜毛哲學」竟然能夠打造了一個「溫文和諧」的國度。上海市長官曾於2012年到合璧公司訪視，看到公司之藝術化、公園化、人文化與學校化的景象，員工又勤奮和樂，一片和諧，非常高興，特別頒贈一面「和諧企業獎」獎牌，表揚他的用心。

▲上海市頒授的「和諧獎」

經營之哲說：「只要事事用心，就能處處細心。事前細心準備，做好前置作業，就會令人感動，往往會有意想不到的成果。所以做好前置作業，可說成功了一半。」接著他舉兩件往事，他說：

「第一件是在很早以前，有個國外廠商透過貿易商要採購一項零件。當天有八個廠商前來評估，可見必有一番競爭。評估前這位採購商想打開一個零件，要一把挫刀，大家都說沒帶；或說要一支鋸子，大家也沒有；後來說要一支扁鑽，大家仍然搖頭；

那時我才打開小置物箱，全都拿了出來。這位老兄又說要割刀，我也立即拿給他。這個老兄一時用力過猛，把手劃傷流血了，問誰有繃帶，也只有我有。這批生意不必太費口舌，我自然就『手到擒來』了。

另一件是在二十七年前與日本人交往的故事：日本的富士通是一家很大的企業，在上海設有分公司，和合璧素有一些交流。有一天我約了富士通的社長吃飯，地點就在社長常光顧的飯店。我很慎重，提前兩三個小時前去準備，打聽飯店老闆：社長最喜歡的菜色是什麼？老闆說：「鹹菜炒牛肉和蒸餃。」「那今晚替我準備這兩樣菜。」老闆說：「我們大飯店不做這種小菜，必須外叫。」我立即拿錢請老闆外訂。當晚社長吃了很盡興，說：『你竟然知道叫來這兩道小菜，ありがとう（謝謝）！』並立即叫司機回飯店拿日本冰凍清酒回敬。兩人意氣相投，吃得很盡興。從此生意往來很暢順，至今不曾間斷。這不都是『龜毛哲學』帶來很意外的收穫嗎？」

這裡經營之哲告訴我們，「細心哲學」也是企業經營的利器之一。其實，孔子一向很講究禮儀，當然也極重視生活細節。請看孔門弟子的一段紀錄：

「席不正不坐。」「割不正不食，食不語，寢不言。」《論語・鄉黨》

這是說孔子草席放得不端正，他就不坐；肉塊切得不方正，他就不吃；吃飯、睡覺皆不講話。試想：連坐席、肉塊這些小細節都那麼講究，更不必遑論其他了，所以若稱孔子也很「龜毛」，應該也順理成章吧！

朱熹〈大學章句序〉：「人生八歲，自王公以下至於庶人之子弟，皆入小學，教之以灑掃應對進退之節，禮樂射御書數之文。」

▲孔子正襟危坐地講課（盤席而坐）

　　「灑掃」指清潔整理。「應對進退」指待人接物之儀容禮節。這是說要教導孩子從小勤勉家務，學習接待客人，對答要得體，進退要得宜。可見我國古來的教育就很重視生活細節。從小學就從「細心」教起，而且更有「一室之不治，何以天下國家為」的說法呢！

　　甚至成年、老年都不放過。譬如：清中興名臣曾國藩〈與弟書〉就說：「弟弟們不愛收拾，不喜歡乾淨，比我還厲害，這是敗家的氣象。今後務必要細心收拾，就是一張紙、一根線或是竹頭、木屑都要撿拾起來，為兒侄輩樹個榜樣。第一代如果疏懶，第二代就會奢淫，那麼就會漸漸出現白天睡覺、晚上打牌、吃鴉片菸……。」

　　其實，今人也不乏其例：譬如過去的統一、麥當勞、王品等店中之主管，大多從基層做起，基本的訓練一定有餐飲素養，如端盤子，洗廁所，都是必經的過程，讓每個員工無論在哪個位置，都要學習能「自力自為」，從小細節做起。

　　試想：一個人如果起居懶散，生活邋遢，邊幅不修，言行粗野，你想他會受人歡迎嗎？何況經營企業者，應該為員工之表率，為社會之風範。經營之哲以簡易的「苦心」的廁所哲學和

「細心」的龜毛哲學，可以帶動員工的齊心協力，以不凡的成長轟動業界。追根究柢，不過「用心」而已。這番道理，值得大家深思呀！

(三) 以恆心的「烏龜哲學」，打造身心、事業之兩全其美

「龜兔競走」，烏龜因為一步一腳印，持之有恆，終於獲勝了。這個故事小孩都可以朗朗上口。但重點並不在「知」，而是在如何做到像烏龜一般的「持之以恆」，所以也叫「烏龜哲學」。

「有恆為成功之本」，這又是經營之哲經營企業的一大特點。只要看看他的「運動修行」一項，就可以「一葉知秋」了。

經營之哲從四十歲開始，每天早晨4:30起床，後來慢慢提前到3:30。這麼早起做什麼呢？他有一套「百歲養生法」。他說：他早起運動修行共兩小時。分三段進行：先做室內運動40分鐘，包括全身拍打15分鐘，約2,500下。再作瑜伽15分鐘與有氧體操10分鐘。然後室外慢跑或快走50分鐘，並兼用丹田呼吸。最後作氣功20分鐘、冥想10分。這樣近四十年來，做到的日數平均超過92%。最近兩年更高達98%。這種恆心真是嚇人！他也以這種恆心運用於企業上。

「健康的身體是一切事業的基礎」，哲人不是掛在嘴邊，而是數十年如一日，起居有常，強身有道；因身體強壯，激發了旺盛的意志力，才能不斷地心腦合一、知行合一，開展了合璧大業。

他還說了一個因為晨跑的有恆習慣而招來生意的有趣故事：

約在二十七年前，他還是一個小公司，跟著上游士林電機到日本去參訪三葉汽車電裝企業。他仍然清晨3、4點就起床到山上慢跑。第三天三葉的社長照例出面請客。敬酒到經營之哲時，問：「年輕人，你認為我們這裡如何？」經營之哲說：「很好，這裡的風景很美！」社長劈頭說：「你三天來都在公司，怎麼知道風景很美？」「我每天清晨3、4點就到山上慢跑呀！」社長說：「怎麼可能？再罰你一杯！」經營之哲才把沿途風光大略說了一下。社長睜大了眼睛說道：「我們公司幾十年來已經好幾千人造訪過，從來沒有一個像你這樣勤勉的人！」一再稱讚這個年輕人一定有未來，會後還送給經營之哲夫人一個女用皮包。從此生意一路相挺，直到今天。

　　經營之哲經營企業就像他的「運動修行」，持之以恆了近四十年，身心健康了，事業也發達了。可見「恆心」不僅是成功的要件，有時還會讓人敬佩，提升經營的高度；偶爾還會像經營之哲的慢跑，招來「無心插柳」的一片柳蔭呢！

　　「滴水穿石，集腋成裘」，孔子講學也極重視「恆心」：

　　子曰：「譬如為山，未成一簣；止，吾止也。譬如平地，雖覆一簣；進，吾往也。」《論語‧子罕》

　　孔子是說：「為學好比堆山，只差一籠土而未成；停下來便前功盡棄，這是我自己停下的。也好比填平窪地，雖然只先倒下了一籠

▲為學譬如為山，操之在己

土；但繼續往下倒，直到填平，這也是我自己前進不懈的。

這裡，孔子是示人爲學的成敗，操之在己，貴能持之以恆，不可中輟。其實，求學需要恆心，而更複雜、更具難度的企業經營更不能忽視。經營之哲的恆心之「烏龜哲學」就是鐵證。

(四) 以熱心的「雞婆哲學」，引領社會風氣，提升企業形象

「熱心」本是指人具有血性，熱情助人，積極從事公益。其實，「勤勉」與「熱心」是一體的兩面，時時熱心，久而久之，自然事事勤勉。勤勉習慣了，自然不待勉強而處處熱心。閩南語俗稱「好管閒善之事」、「看不慣就動手」的人叫「雞婆」。也可見世人「自掃門前雪」的觀念根深蒂固，對於這種「好管閒善之事」、「看不慣就動手」的人，略有一點「反諷」的吃味。

不錯，經營之哲也是個「熱心」出名的人。他的「雞婆故事」，不勝枚舉，先提幾個事件，就可以「滴水觀海」了：

有一次，經營之哲乘坐飛機經濟艙，午餐時鄰座的紳士不小心，掉了很多殘渣卻滿不在乎；經營之哲就彎下腰一一撿起。但那位紳士似乎「無感」，竟然無動於衷，毫不動聲色。

約二十幾年前的除夕前夕，台北市府叫人把不用的大型傢具，搬放在公園旁，等待統一處理。但搬走後，地上卻留下一灘油漬，很多人路過了也視若無睹。經營之哲數十年來養成了早起運動的習慣，他看到了，立即回到大樓，拿了舊報紙蹲著清理。一陣一陣「早安晨跑」擦而過，唯有一人停下腳步，問：「你在幹嘛？這是你的工作嗎？」經營之哲抬頭一看，原來是前中鋼董事長、前經濟部部長趙鐵頭趙耀東，兩人一談，哈哈大笑，從此

成了好朋友。

又有一次颱風後，公園倒了一棵樹，第二天，經營之哲就拿了木棍、電線，把它扶正綁牢。次日晨運的朋友看了，埋怨公園管理員做事馬虎，公園倒了三棵樹，怎麼只有扶正一棵？經營之哲才說，這棵是我扶正的，因為我不曉得裡面還有兩棵。但有人不信，他才指給他們看：「我綁的才會這樣亂七八遭，管理員一定會綁得很扎實。」

以油漬之例看，經營之哲是勤勉慣了，擔心別人滑倒，才「熱心」去清理。這是見善勇為。趙部長也是有心人，看到了「有感」才會停下腳步。是「英雄惺惺相惜」，才鋪成這段「環保佳話」。

經營之哲說：「我們的『用心』，必須一流的人才能感覺出來，二流的人可能都無知無感。尤其台灣人最無感。」真是千年痼疾，一語道破。身為個中人，豈能不汗顏！

經營之哲這種「見善勇為」的熱心性格，很符合孔子「勇於行仁」、「及時行善」的觀念：

子曰：「當仁不讓於師。」《論語・衛靈公》

孔子曰：「見善如不及，見不善如探湯。」《論語・季氏》

前章孔子是說：我們面對「行仁」之事時，要趕快去做，不必謙讓給師長。」主要強調行仁之急切，勉人「勇於行仁」。

後章孔子是說：「我們看到仁善之事，要趕緊地去做；看到不好的行徑，要像用手試探熱湯一般地趕快縮手。」主要鼓勵世人快快「行仁」，也要快快「戒除不仁」的行為。

其實，弟子敬愛老師，本來凡事都應該遜讓。不過，讀書人

「以仁爲己任」，面對著行仁之事，應該積極勇敢去做，不必禮讓師長。可見師生分際，應該有所分辨：在「求道」方面應該「尊師」；但是「行道」是「己任」，就無「尊師」之義了。

希臘哲人亞里斯多德說：「吾愛吾師，但吾更愛眞理。」這乃強調學生應該勇於挑戰權威，敢於超越老師。這與「當仁不讓於師」有異曲同工之義在。

因此，家長、教師、掌國家教育之牛鼻者，平時應該加強「人性關懷」的教育，教導年輕人要熱心去關懷身邊的人、地、事、物，時時盡己之心去服務協助，使人間更溫馨美麗，使社會更進步安定。並謹記「仁善」是最大的眞理。只要是眞理就可以「不讓於師」。

稻盛和夫認爲一個人要想成就一番事業，就必須做一個能夠「自我燃燒」的人。因爲熱情、激情是成就事業的動力。

經營之哲也說：「熱心去行善，是人生的本務，原是『作爲人』對社會的一種使命。」

三國時，劉備告誡阿斗說：「勿以惡小而爲之，勿以善小而不爲。」這是一代梟雄臨終時向兒子說的兩句千古經典。因而只要有看不慣的「閒善」小事，不妨「熱心雞婆」一下，也許成就了一件大功德。不過，「閒善」不等於「閒事」的全部。這「雞婆哲學」必須有個前提，一定要合於「善德」；否則，不問是非就「兩肋插刀」，那就成了好管閒事、惹事生非了，戒之！戒之也！

三、總結：「四心哲學」人人可做，皆能一起打造共享共榮的企業

　　沒錯，匆匆忙忙的人生，有時真的忽略了很多身旁所謂的「小事」，譬如我們經常忽略了停下步伐，去,欣賞上天給我們的大地之美；當然更常常忽略了隨手幫忙身邊的弱苦者，甚至有些只是一言之善、只是舉手之勞，就是一件小功德，有什麼好遲疑的呀！

　　經營之哲以「廁所哲學」的苦心，就以「禪‧5S」活絡了整個工廠；他又以「龜毛哲學」的細心，把工廠打造成「溫文儒雅」的烏托邦；他再以「烏龜哲學」的恆心，帶著合璧邁向百年的幸福企業；他更以「雞婆哲學」的熱度，帶來了隨手做公益，形塑「好善樂善」的形象，提升公司經營的高度。其實，認真地說，這些都只是「芝麻小事」而已，都是你、我可以輕而易舉的範圍。但無數的小支流可以匯成大洪流，你想過嗎？

　　因而建議你：有時不妨也「龜毛」一下，或許員工都成了彬彬有禮的君子；有時也「雞婆」一下，或許路邊的一棵小樹因此活下來；有時更堅持一些好習慣，也許天上會掉下禮物呢！所以我們不要怕露鋒芒，不要怕太雞婆，如果才華有益於世道，如果熱心有助於社會，「用心」表現一下，又有何妨？

　　因此，企業主必須體認「行仁行善」乃吾人之本性，應該本諸「苦心」、「細心」、「恆心」、「熱心」經營企業；要「細心」照顧員工，「熱心」回饋社會。才是「義利合一」的功德事業。

而且還要進一步以此觀念去教導員工，讓他們好好體認：只要用這「四心哲學」去做好每一項工作，就是便利天下，就是一種功德。相信員工在認知與感動之餘，更能體認作好工作是本分，不會再與老闆斤斤計較，不會再時常抗爭；這樣，企業主就可以「仁者不憂」了。所以「四心哲學」人人可做，只要大家一起來，就可以打造一個「共享共榮」的大同社會。

▲經營企業有如千秋苦旅

※哲人對話錄

　　王陽明〈詠良知〉云：「無聲無臭獨知時，此是乾坤萬有基；拋卻自家無盡藏，沿門托缽效貧兒。」

　　王陽明是說：「人人都存在著良心善性，這是穩定人間的最大根本。但人們卻無知無覺地拋棄它，再像乞兒般到處尋求。」

　　經營之哲讀後則說：「無聲無臭用心思，企業經營萬有基，分享公司無盡藏，共生共榮不徇私。」

　　朱子說：「咬得菜根，百事可做。」

　　經營之哲說：「掃得廁所，百事可做；懂得用心，萬事可成。」

第 3 篇

成功經營者的理念展現篇

—— 「舉首天外望，無我這般人」
經營者獨特的理念，可以引領經營的高度；
經營者獨特的高度，可以決定成功的廣度。

第八章　工廠公園化

引題：小詩輕唱

　　上海公司見異珍，一年花木勝於春。

　　員工沉浸癡癡醉，合璧經營理念新。

　　　　※　　　※　　　※　　　※

　　千紅萬綠媲公園，工廠時時蜂鳥喧。

　　合璧員工超樂活，何須武陵是桃源！

見賢思齊：師法重點

　　・觀賞合璧工廠花木錦簇情景，探討哲人工廠公園
　　　化的用心。

　　・研究工廠藝術化的功能，探討自家公司藝術化的
　　　可能性。

一、都市公園化是時之所趨，工廠藝術化尚待努力與
　　提倡

(一) 都市的公園化目的在提升市民的生活品質

　　文明的都市，人口膨脹，大樓林立，工廠更是無所不在。不錯！就業容易了，生活方便了。但是一片灰白，幸福嗎？

　　你看，噪音來了！黑煙來了！塵霾PM2.5都來了！人們的日子充滿著繁忙、緊張、勞累、汙染……，不幸的甚至過勞死！

　　因而，政府趕快種花木，闢公園。據說可以扮演著生態保

育、休閒遊憩、環境保護和
環境教育等功能，對降低都
市熱島效應、淨化空氣、減
低噪音、提升生活品質有顯
著的效果。但你有沒有看過
有工廠公園化，使廠房反而
變成了公園的裝飾品嗎？經

▲合璧公司上海廠的廠區前景

營之哲（即董事長詹其力，或稱哲人）所經營的上海合璧電子公
司就是如此。

(二) 合璧工廠的公園化，讓藝術柔化員工的心靈，陶冶身心

　　19世紀義大利的藝術家克羅齊說：「藝術與科學既不同而又
互相關聯；它們在審美的方面是有交會的。」

　　經營之哲就是有這樣的
層次，把「都市公園化」的
觀念搬進公司，讓藝術與工
廠作融和交會，使緊張、刻
板的工作區塊，用優美的環
境予以潤滑與調和，達到軟
綿化的生活場域。其實，他

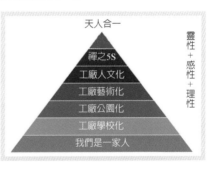

更有一套「天人合一」的教育哲學，工廠「公園化」是其中很重
要的一環「境教」部分。接著還有「工廠人文化」、「工廠宗教
化」、「工廠校學化」，加上「禪・5S」的心靈修煉，使員工
從「理性」而「感性」而「靈性」到「禪定」，營造了「我們是

一家人」的情感（如上圖）。可見這種「境教」的經營哲學也是一門很特殊、頗深奧的學問。

如果再歸納起來說，「工廠公園化」、「工廠人文化」、「工廠宗教化」三者就是把「工廠藝術化」了。而「工廠藝術化」加上「工廠學校化」，就是把「工廠教育化」了。不錯！藝術可以陶冶、柔化、提升人的心靈。這是經營之哲一生「用心」擘劃的藍圖，成效也很卓著，尤其「工廠公園化」的具象最為驚人。

二、工廠公園化可以調和情緒，陶冶性情，提振工作效率

(一) 合璧的特殊風景：廠房座落公園間，予人悠然與啟發

不騙你！如果你有機會到上海合璧電子參訪，應該先環繞一下大樓的外圍。你會發現四周都留有寬闊的空地，除作人行道外，處處盡是花花草草，青青翠翠，洋溢著「芳草如茵、萬紫千紅、鳥語花香」的蓬勃生趣。會令人驚訝這裡真是比庭園還庭園，比公園還公園。閒步其間，如置身另一個世外天地，全身飄飄然。不必登堂入室，就可以嗅到了「工廠之美，公司之富」的味道。甚至令人誤以為工廠是建於公園裡。那麼員工實在太享福了！

譬如，你一進大門，HOPPY廠房大樓，敞開胸懷，矗然羅列，樓前站著12位巨人昂然相迎。這是12株世界庭園三大觀賞樹種之一的巨人雪松，原產喜馬拉雅山西部，樹態雄偉，蒼翠欲

滴。聽說這種樹齡可達一千五百年，樹高可達50公尺。矗立於此，也可以給員工無限想望：這些巨人繼續成長，長年守護著合璧，與公司共生共榮。試問：人人在肅然起敬之餘，不會油然而感「人可不如樹」的惕厲嗎？

你如果聽了導覽，再處處仔細端詳，你會發現原來整座的庭園分為六個主題：「君子賦」、「春之聲」、「夏之憶」、「歐洲花園」、「東瀛風」、「靜心園」。無論哪一個景區，都令人異樣的驚奇！都會令人立即想像：春天來了，一定桃紅柳綠，蝶亂蜂喧，使人意亂神迷；夏天到了，更應萬紫嫣紅，柳暗花明，令人感受到另一股新的希望。這時假如你觸發快，你會嘆惜：主人怎麼忘了「秋之丹」、「冬之瘦」呢！

不錯！這裡雖然可說「四季如春」，但還有楓紅的渾如野火，還有杏黃的落葉繽紛，這不正是秋、冬的紅袍與金帶嗎？

宋僧無門和尚〈頌〉云：「春有百花秋有月，夏有涼風冬有雪；若無閒事掛心頭，便是人間好時節。」是的！每個人都活在年年的四季中，我們非常羨慕合璧的員工，天天都有悠然的好時節。

也令我想起孔子閒居的安和氣象。乃弟子對他生活的記錄：

子之燕居也，申申如也，夭夭如也。《論語‧述而》

「燕居」就是「閒居」。「申申」是容態舒適自在。「夭夭」是神色溫和愉悅，這是一種安和閒適的修為。由此觀之，合璧的員工上班時間都可以「申申如也，夭夭如也」，豈不快哉！

(二)千年紫薇、百年銀杏，足以令人興「巨樹仰之，景行行之」之嘆

話歸正題。園區最令人蕭然起敬的應是那兩棵千年紫薇，據說是從深山移來的：一棵臃腫磈礌，下幹巨而短，盤根入土，如虎臥，似石敢當；上分五大虬枝，如龍拏，似巨人臂。另一棵相較下，纖弱婀娜，枝葉扶疏，紫花滿樹，看不到枝幹的真面目。

這兩兄弟聳立於此，成為廠區寶石：「千年看榮辱，今日聳高情」，似乎啟示員工要立定腳跟，做公司的中流砥柱，使企業可以百年千年。寓意良深啊！

其次是一棵兩百年的銀杏。銀杏是最古老之活化石植物，樹齡可達二千五百年之久。這棵主幹粗而短，枝槎分杈勻稱，筆直

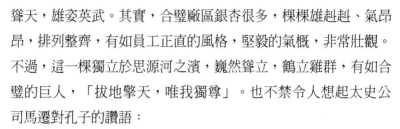

聳天，雄姿英武。其實，合璧廠區銀杏很多，棵棵雄赳赳、氣昂昂，排列整齊，有如員工正直的風格，堅毅的氣概，非常壯觀。不過，這一棵獨立於思源河之濱，巍然聳立，鶴立雞群，有如合璧的巨人，「拔地擎天，唯我獨尊」。也不禁令人想起太史公司馬遷對孔子的讚語：

太史公曰：「高山仰止（之），景行行止（之）；雖不能至，然心鄉（嚮）往之也。」《史記·孔子世家》

這是司馬遷《史記·孔子世家》最後對孔聖的讚語，成為歷史的定評。司馬遷是說：「孔子那像高山的德業，令人景仰呀！那光明的德行，令人奉行呀！雖然不能達成，可是內心非常嚮往他呀！」

不錯，今天我們瞻仰這裡的紫薇、銀杏那麼高大久齡，也不禁嘆道：「巨樹仰之，大德行之，雖不能至，然心嚮往之。」

(三) 工廠公園化，美好的環境令人有美好的成長

導覽可能會告訴你：廠區的花花樹樹，計栽種了喬木類18種，約600棵。亞喬木類22種，約6,000棵。灌木類26種，面積約1,500平方公尺。還有其他很多不知名的花花草草，點綴其間，實在難盡其數，可以說集聚歐、亞花木於一廠。如是，員工有大樹可為老友，有花草可為知友，經常探訪、愛顧，愉悅地和諧共處，那麼共生共榮之情、天人合一之心，自可油然生發。所以與其說員工在此上班，毋寧說到此長期度假呀！

其中還有一處最幽美，最引人遐思，就是「主題公園」。它緊臨思源河，河邊高立著一排整齊劃一的柳樹，柔絲輕盪著

水面，有如一排雄壯威武的閱兵隊伍，卻擺著柔和的舞裙。柳樹之下遍布杜鵑，三月間，一定紅花綠葉，美不勝收；即使不是三月，也蒼翠欲滴，壯柔相襯，別具一番滋味。

▲思源河岸整齊劃一的柳樹

聽說早年合璧進駐前，這排柳樹原來東倒西歪，是經過長時間的扶架、整復、施肥、裁剪，才有今天這番雄麗的景象。

只要你抬頭一望，對岸一樣是大工廠，一樣有一排柳樹，但卻零落參差。可見「用心」不同，世界就不一樣。

柳排之側是「靜思小徑」。君不見小徑筆直，一徑通幽，右側是杜鵑紅似火，左側則碧草如茵。如果你有幸閒步其間，應可立即感受清新沁脾，憂讒俱忘。甚至會興起「思古之幽情」，讚嘆這是男女談天說愛的勝地，是素人靜心養性的聖居。

假如你別有興致，不妨下下河，划一小舟，攪亂一河清淺；興盡了，也哼一段：「悄悄的我走了，正如我悄悄的來；我揮一揮衣袖，不帶走一片雲彩。」（徐志摩〈再別康橋〉結句）

是的！員工每天忙碌之後，有這麼一個休憩的洞天福地，

你說他們的心靈不會更美？
心境不會更提升？工作不會
更賣力？生產效率不會更高
嗎？

▲河中雙小舟靜候著員工的光顧

員工是企業經營的命
脈，如果員工都堂正地做人
做事了，公司也一定「水漲
船高」。那麼工廠公園化不是更值回票價嗎？合璧的這個祕訣值
得大偷特偷！

經營之哲說：「企業經營需要宏觀，但宏觀不容易實現；所
以要從細膩化做起，慢慢宏觀天下。尤其越細膩，效果越好。」

今天合璧廠區的公園化，就是企業經營「細膩化」最具象的
賣點。而他們的細膩化，又延伸到室內的美化，包括辦公大樓、
樓梯間、走道旁、辦公桌、窗邊、牆角，處處可見大小盆栽，青
翠鮮豔，而且底盤纖塵不染，顯得一派生氣勃然，映襯著員工愉
悅安詳的工作精神，也映襯了員工美麗的心靈，提升了很高的工
作效率。

經營之哲說：
「用心經營還要包
括用心經營藝術、
宗教、哲學三個區
塊。尤其藝術帶
給人的心靈修煉，
可產生很大的力

▲合璧公司辦公室處處可見翠綠的生機

量。」

　　尤其上海廠幅員廣大，除了千草萬花的庭園外，圍牆邊、轉角處，也都種植了各種花木，掩去了灰白的牆面，閃爍著各色各樣的花光綠影，燦爛了四周

▲上海合璧公司廠牆的綠化、美化

的景致，給公園化的廠區平添一片絢麗。如今合璧公司在上海廠區已是一個藝術小天地。

　　經營之哲又說：「春天來了，我給花鬆土，修剪盆栽，事必親躬。主要告訴大家：有些事做了就是不一樣，做了就會進步，就會與眾不同。」這就是他的「用心」，從「細膩」做起的寫照，可以讓員工感動而效法，會更喜歡這片小天地。

　　不錯！魔術人人會變，但從「心」出發是不可變的法則。綠化工作園區，美化工作環境，可以舒暢員工心境，提振工作精神，促進業務發展。試問：只要從「心」出發，你何樂而不為呢？

　　於此，又讓我們思想起儒家另一位巨擘的一句千古名言：

　　荀子說：「蓬生麻中，不扶而直；白沙在涅，與之俱黑。」

《荀子·勸學》

　　荀子約與孟子同時代，同屬儒家。句中的「涅」（ㄋㄧㄝˋ），是黑色的染料。這是說細小的蓬草生長在麻林叢中，不必去扶持，它自然長得很筆直。白沙放進黑色的染料裡，必然也和涅一

樣地黑。這都是環境使然呀！這裡強調環境可以直接雕塑他物的成長。所以只要有美好的環境，自然有美好的成長。環境之重要不言可喻。像合璧把整個工廠公園化，讓員工在公園裡上班，就像一群小小的蓬草在高聳筆直的麻叢中，自然受到良好的雕塑，不必引導，也會端莊堂正起來。

▲古時的荀子教學圖

三、綠化美化已經攸關人類生活生存的一大革命

(一) 美國的大衛營

　　有人說，美國人是世界最怕死的國家，也是最講究生存法則的國家。譬如：他們的太空總署（NASA）在1989年做了一項很著名的研究，證實植物有助於減輕室內的汙染，可說是最天然、最便宜的「空氣清淨器」。後續研究也證明了員工處在綠化程度較高的環境中，工作精神比較快樂。

　　因此，美國早在馬里蘭州設有「大衛營」，皆以木屋打造，別具田園風格。專門供作總統休假養息的聖地，是營建於茂密的森林之中，風光優美，生活、娛樂設備一應俱全，有高爾夫球場、溫水游泳池、網球場和健身房，能讓總統們盡情地徜徉在自己所鍾愛的消遣娛樂之中，身心得到最大限度的休養。是歷屆總

統因應難題、思考決策的所在。為什麼需要這麼大費周章呢？因為它有寧靜的空間，可以沉澱心思，運籌帷幄；有優雅的環境，可以生發智慧，突破困境。這是一個世界頂級的強國之思維，這給世人很大的啟示，掀起了全球綠化美化的大運動。

從此，堅固的水泥牆面、冰冷的金屬風尚，不再是主流，「綠意盎然」才是王道。使近來世界的建築掀起了新風潮，特別講究「綠建築」、「綠能共生」、「屋頂花園」。民間甚至流行「屋頂農園」、「空中農藝」等，五花八門，無奇不有。

(二) 生鮮超市的空中農園

我有個朋友經營「生鮮超市」，因為鄉下地方逐鹿者眾，競爭非常激烈，即使薄利也不一定可以多銷。於是他到社區大學選修「蔬果有機栽培」課程，但他沒有田園，學了英雄也無用武之地。俗云：「窮則變，變則通。」他接著再進一步選修「設施蔬果栽培技術」。於是把「生鮮超市」的四樓近八十坪的之樓頂，設施成為有機的「空中農園」，自種自銷，很快獲得消費者的肯定。蔬果暢銷了，立即帶動了其他的貨品之銷路。如今只有「空中農園」的純利潤就超過了一個公教人員的薪資，何況帶來的附加價值還不計在內呢！。所以他常常自傲地說：「請看今日超市，是誰家天下！」

四、總結：用心思索，人人可以開創美點讓企業開展活路

人是自然的寵兒，天生都喜愛大自然。尤其現代人，物質文

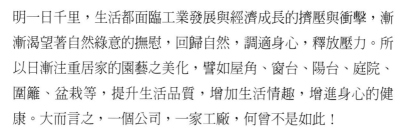

明一日千里,生活都面臨工業發展與經濟成長的擠壓與衝擊,漸漸渴望著自然綠意的撫慰,回歸自然,調適身心,釋放壓力。所以日漸注重居家的園藝之美化,譬如屋角、窗台、陽台、庭院、圍籬、盆栽等,提升生活品質,增加生活情趣,增進身心的健康。大而言之,一個公司,一家工廠,何曾不是如此!

誠然,環境永遠不會十全十美,有很多人受了環境的剋制,根本有心無力。譬如,你的家只是幾十坪的套房;又如你的工廠根本局促於一隅,那有多餘的空間!但天無絕人之路,有時「用心」就是克服的法寶。消極的人只會抱怨環境,因而受環境所控制;但是積極的人會化抱怨為上進的力量,改造環境,進而支配環境。

試看:合璧的辦公大樓、樓梯間、走道旁、辦公桌、窗邊、牆角,無處不是花花草草。無怪乎當地政府再次頒給「被光榮評為2013～2014年度『上海花園單位』獎」,這是企業界很高的榮譽。合璧公司是怎麼做到的呢?一言以蔽之,「用心」而已。

或許你的家、你的工廠,還有屋角、窗台、陽台、庭院,甚至、牆上、圍籬⋯⋯何處不可以花花草草呢!因此,經營之哲的這些「用心」地把工廠「公園化」,就是大家可以竊取的訣竅呀!

※哲人對話錄

16世紀西班牙文學家賽凡提斯說：「藝術並不超越大自然，不過會使大自然更美化。」

經營之哲說：「工廠公園化並不會超越大都會的公園，不過在員工的感覺而言，會比大都會的公園美好。」

拿破崙說：「環境，我一手創造了環境。」

經營之哲說：「合璧，我一手創造了合璧，也一手創造了合璧的環境。」

第九章　工廠人文化

引題：小詩輕唱

　　企業人文那盛名？亭亭裸女最吸睛。

　　尊師有道碑碑立，合璧公園令客驚！

見賢思齊：師法重點

　　‧研究哲人經營合璧人文之用心、以及運用到企業的
　　　高度。

　　‧進修自己所能的人文素養，研究運用到企業策略的
　　　可能性。

一、「人文」是人類的精神文明，一樣可以陶情冶性

　　「人文」的「文」指文采。人文原指「以人為本」所創造的精神文化，與「自然」相對稱。從教育上說，目的不僅增加知識，更重要是超越自然狀態，開發潛能，發揮創造力，塑造人格，發掘優點，以培養人才。

　　因而「人文科學」就指人類所創造的文化，不以物質為研究對象，而偏重於義理的疏導、意義的詮釋、情感的抒發等主題之探討。如哲學、史學、社會學、語文學、藝術等。

　　「人文科學」與「社會科學」時相混淆。其實，社會科學是研究人類行為、人際關係及人類與生存環境相關之科學，如政治、經濟、社會、文化等學術，兩者有明顯區隔。

一個人的人文素養高了，無論言行舉止、品德操守、穿著儀態、待人論事、認識世界，看待社會、審美、嗜好都處處不凡；甚至會用一顆善良的心去體察世界，以美好的角度去感受世界之美。所以往往活得比別人快樂。因而，又延伸出「人文素養」，專指人的文化修養，偏於精神道德方面，舉凡尊重生命之價值、正確的價值觀、關懷社會、熱心奉獻，以及感受幸福和

▲聖母是園中最端莊的一位

快樂的能力，甚至待人處世、演講表演，都包括在內。

合璧工業公司董事長詹其力（簡稱經營之哲或哲人）在企業經營的區塊，也很重視員工的人文修養與工廠的人文環境。

二、合璧「工廠人文化」的硬體景象，燦爛多姿

其實，「公園化」和「人文化」都是「藝術化」之一環，兩者相輔相成，不容易分野。尤其合璧廠區內兩者更是互為飾襯，彼此輝映，幾乎是渾然一體。本書特別將「自然景觀」視為「公園化」部分，將具有「文學趣味」之景觀視為「人文化」的範疇。這樣分類並不嚴謹，請看官不要太計較，分類呈現只是令人感受更深刻。

詳言之，合璧工廠的「人文景觀」特別專指具有文化、文學

的元素，如巨石標語、石碑錦句、藝術雕像、音樂和書刊等。零
星地錯落在如煙似霧的花草樹木之間，穿插於如詩如畫的工廠
裡，一片旖旎，一片繽紛，令人目不暇給。看官不信，請睜眼靜
觀：

(一) 巨石呈現了經營理念

　　合璧廠區的標語不在門
楣，也不在牆壁，而是用天然
的巨石雕刻著公司的各種經營
哲學與理念，文字再加紅漆，
鮮明照眼，散落在花花草草
間，與花草爭妍鬥艷。這些
「理念巨石」共有七塊。包括
「誠信」、「感謝報恩」、
「回饋社會」「共生共
榮」、「真善美」、「天人
合一」、「禪」等。而巨石
各具形色，可與花木相映成
趣。另外還有一塊是經過切
割的金剛石，長方平
整，把八句的經營理
念完整地鑴刻其上。
石塊是斜立半埋，置
放於進大門之口，在

沉思的羅丹雕像左前方。無論誰何，一進大門都會情不自禁地問道：「羅丹！你在想些什麼呢？」順勢引人駐足一觀，合璧的「八句眞言」就滲透進去了，良妙啊！

(二) 世界古文明聖者的三大雕像

算算合璧廠園的人物雕像共有18尊，色澤大多是純白的，在草木的襯托下，顯得格外明潔而高貴。可分爲兩類：

第一類是三大哲學家，這是經營之哲之「經營理念」所取法的世界三大古文明的聖賢雕像，分別是孔子、釋迦牟尼、亞里斯多德。他將2500年前三個不同

▲孔子像　　▲釋迦牟尼像　　▲亞里斯多德像

國度的哲人會聚於一園，使彼此的觀念可以融合而對話，誠然是一絕。

經營之哲說：「經營理念必須具象，尤其要呈現聖者的形象，印象才能深刻；而且也要不厭其煩地時常說，讓所有的員工深植腦際，才容易化爲力量。」如今這些石碑，員工天天看，自然深植得更深更牢了！

(三) 廠中到處是世界聞名的藝術美女雕像，尤其盡多裸女

第二類是世界藝術美女，廠園中計有藝術美女15尊，分布於

▲泉之神　　▲音樂之神　　▲花之神

▲聖母與天使　　▲月之神　　▲維納斯女神

大樓四周的樹草間，只要你隨處走走，隨時可得「艷遇」；假如你的藝術涵養不夠，說不定還會想入非非而臉紅呢！

　　其中有「聖母與天使」、「維納斯女神」、「花之神」、「月之神」、「泉之神」、「音樂女神」，以及「秋之神」、「祈禱少女」、「守護神」等。其中「維納斯」三尊，「花神」兩尊，各有造形與名稱，其一尊「花神」被經營之哲綁架了。

　　最令人感興趣的是：這些美女大都是裸體造型。聽說過去有參訪的貴賓就直問：「令主人是否和齊宣王一樣：『寡人有疾，寡人好色』呢！」其實，這樣的貴賓太保守了，甚至說太固陋了。殊不知最高藝術就是天然的「真」，人類不都是「赤裸裸」來到人間嗎？

　　如果暫時拋開藝術的本質不談，只從企業的功能看，裸體正代表著「性」的解放；性解放了，性慾的壓力自然減輕，員工不就更能專心工作嗎？你說「裸女天堂」誰不樂意前來上班呢？所以主人的「用心」，或許「此中道理只能為智者言，不足為俗人道也。」

　　聽說又有來賓問，早年的台商有賺頭了，都會包養二奶、三奶，「經營之哲你有二奶、三奶嗎？」通常經營之哲常會大方地答道：「有！她早在我辦公室恭候各位大駕呀！」到了辦公室，他立即介紹直立在窗邊那尊「花神」說：「她就是我的二奶，非常乖，不會亂跑，也不會亂花錢。」經營之哲一向喜歡說笑話，他這樣幽大家一默，大家在會心一笑之餘，當然是「信不信由你」了！

▲主人的二奶花神

(四) 可惜獨缺大衛的裸男雕像，以平衡男女「游於藝」的情懷

　　不過，主人確也有所疏忽，甚至說是疏失。因為廠內巾幗人數不遜於英雄，為何不求個平衡，也雕上一尊裸男「大衛像」

呢？

　　「大衛像」是歐洲文藝復興時代義大利的藝術巨匠米開朗基羅的代表作，高4.342公尺、重5,000多公斤，體態優雅，肌肉壯碩，具有黃金比例的美男子之象徵，古今聞名，遍布世界各景點。

　　話說15世紀，以色列和非利士交戰，非利士的大將歌利亞身高超過2米，虎背熊腰，威風凜凜，以色列人不敢迎戰。那時有以色列之少年大衛自告奮勇地站了出來，歌利亞持刀衝了過來，大衛將彈石繩器使勁一拋，正中歌利亞的眉心，巨人倒下，大衛斬下他的首級，非利士全軍潰散，大衛就成了古今的少年英雄；何況雕像又是出自名人之手呢！

　　不錯！大衛英勇的故事，令人感動，全裸的雕像，展現著力與美，令人癡迷，如今世界到處常常可見他的雄姿。假如也立於合璧廠區，平衡了男女的心靈，他的愛國精神與臨危不懼的勇氣，更會激起員工的鬥魂，對公司不也是「利多」嗎！

　　總之，合璧公園遍布了那麼多的美麗之雕像，除了深具美化功能外，可讓員工平日休閒游息，調濟精神，陶冶情操。正符合了孔子的「游於藝」的精神：

　　子曰：「志於道，據於德，依於仁，游於藝。」《論語・述而》

　　這裡孔子說明「為學」的四大重點。首先是立志向道，樹立崇高的理想。其次是據守道德，培養高尚的人品。再次是涵養仁愛的胸懷。而「游」是深入賞玩的意思。「游於藝」是指游習玩賞於六藝「禮、樂、射、御、書、數」之中。易言之，就是悠游

於藝術之天地。可見合璧工廠之藝術化，正符合儒家之思想啊！

(五)廠區共立十三座石碑，「慈母碑」與「尊師碑」最令人
　　側目

　　　合璧公園的靜心園中共立13座石碑，
都是黑心石所雕，可以傳之百千年而不
朽，點綴其間，煥發著「人文」之美。

　　　其中四座是「恩師碑」，五座是彰工
「校長碑」，三座是「敬友碑」。最別具
意義的是一座「慈母碑」，刻著〈遊子
吟〉的詩句，應該是經營之哲在紀念著他
永難忘懷的慈母吧！

▲最特別的慈母碑

　　　所以整個園區洋溢了「孝道、尊師、
敬友」的氛圍。只要員工悠然其間，細數
著石碑，應可興起「見賢思齊」之心；若
再細嚼著碑文，更可感受主人「念母、尊
師、愛友」之誠。由感動而敬佩，由敬佩
而可以生發力量。尤其客戶看了，也會增
生尊敬之情。這些感動與尊敬，對公司的
經營都會產生很多意外的效果。

　　　經營之哲說：「我敬老師、熱愛朋
友，員工也會尊敬我，客戶更會信靠我。
可以產生『善』的循環。」

▲蕭瑛星校長碑

　　　不錯！經營之哲之「尊師重道」、「敬友愛友」，就是躬身

示範，實踐躬行，不但可以感動員工與顧客，更可以做為社會的一面鏡子。或許由此影響所及，可以造成風氣，提升世道仁心。那麼，這又很吻合儒家的尊師精神：

子夏曰：「一日為師，終身為父。」

《史記‧仲尼弟子列傳》

子夏是孔子的弟子，屬文學科。孔子

▲劉豐旗校長碑

死，子夏說了這句「終身尊師」的名言，感動了師兄弟，於是大家決定視孔子如父，築廬墓旁，一起為夫子守墓三年，子貢又獨守三年。

不錯！一般人都知道把「尊師重道」一句掛在嘴邊。但如何實踐呢？恐怕世間只有經營之哲能夠這樣為師長立碑植樹，表達了永為懷念的情操吧！

三、合璧「工廠人文化」的軟體景象，幽雅清麗

(一)工廠音樂化，可以調劑精神，生發意志

古時儒家有所謂的「六經」、「六藝」。其中都含《樂經》、「樂藝」，把「樂教」當做教化的至寶。可惜經秦始皇焚書阬儒後，《樂經》的曲譜遺失了，今天可見的只有《禮記‧樂記》、《荀子‧樂論》而已。兩篇對音樂的起源、功能、先王制禮作樂的用心，以及禮與樂的關係，作了詳實的論述，讓後人可一窺些許的風貌（以上本段中「樂」字皆讀ㄩㄝˋ，指音樂）。

《樂記》說：「樂也者，聖人之所樂（ㄌㄜˋ，愉悅）也，而

可以善民心，其感人深。」

是說音樂是聖人用來娛樂的，也用來端正民心，因為它能深深感動人，把「樂教」的功能作了畫龍點睛。

《論語》也記述：「孔子哀傷哭過，當天就不弦歌」〈述而〉。《史記・孔子世家》也記載：孔門師生被困於陳、蔡之際，孔子仍然「弦歌不衰」。皆可見孔子之精通樂律，平常是每天都要弦歌的；可見他應是我國最早提倡音樂教育的教育家。

合璧工廠之「人文化」也非常注重「音樂」的教育化的陶冶：

1. 播放古典音樂

合璧工廠每天早晨、中午、傍晚的休閒時間，一定播放「古典音樂」，一天總在二小時以上。筆者2015年8月參訪上海廠，第二天早晨起床，就聽到〈藍色的多瑙河〉繚繞整個廠區，感覺輕快愉悅。我問說：「工廠大都是年輕員工，為何不播放些流行的音樂呢？」經營之哲說：「現代那些流行的音樂都是些靡靡之音，怎能有益身心呢！」這番話令我「心有戚戚焉」，頓時好像又觸覺到經營之哲內在儒家之筋骨了。不錯！我也覺得古典音樂較有『藝化陶情』的味兒，不過也不能全然否定現代流行的音樂價值呀！

2. 編製廠歌與《合璧謠》專輯

大家都知道，國有國歌，校有校歌，但工廠有廠歌，畢竟聞所罕聞吧！

其實，國歌、校歌，就像國旗、校旗，是代表著團隊的形

象、理想與期望，藉以喚起成員的意志，可以振起大家的精神。廠歌何嘗不是如此呢！合璧公司的「廠歌」是董事長親自作詞，融會了他的價值觀與經營理念，並套〈愛的眞諦〉之宗教曲調，每天朝會、活動，全體齊唱，讓員工

原曲：宗教歌曲：愛的眞諦
歌詞：詹其力作詞
東方燦爛文明國度裏　閃爍一顆星
匯集全球　一流人才　共同努力奮鬥
不斷地思考行動　誠信創新卓越
眞善美天人合一創造價值共生共榮
邁向全球回饋社會　感謝報恩
愛護我們的合璧　愛護我們合璧

▲合璧廠歌

永遠謹記合璧的精神、目標，也唱出合璧人的希望與榮耀。

　　經營之哲本是音樂的愛好者，他拿手的樂器有大提琴、口琴，所以懂得「音樂治廠」的原理。早年就推展員工必唱的三首：〈廠歌〉、〈茉莉花〉、〈甜蜜蜜〉。因爲效果顯著，所以又蒐集世界名

謠74首，於2013年出刊了《合璧謠》，人手一本。希望用歌聲調和工廠緊張的氛圍，軟化員工的心靈。也可藉著世界名曲，讓員工解讀各國不同的文化，眞是「一心兩用」呀！

(二) 推展音樂教育，正與儒家「樂教」的思想相吻合

　　合璧音樂的推展也非常細膩。禮堂有一台鋼琴，每天朝會都會合唱三首廠歌，會有琴音伴奏。經營之哲還曾親自指導「大

提琴社團」，且把琴
贈送社員呢！這不是
比學校更學校嗎？而
且每年員工的旅遊見
學，例如曾經到過日
本、台灣、泰國、黃
山、張家界，每到一
個地方，休憩時都會

▲哲人帶團旅遊見學隨時以口琴與大家同樂

唱唱廠歌、或當地的民謠，董事長都帶著口琴，隨興伴奏。外人
聽了，自然感到「別是一般滋味在心頭」了，時常吸引很多人駐
足欣賞。有一次黃山之旅，特別邀請日本廠友三十多人參加，當
場員工高唱著日語演歌〈故鄉〉，讓很多日本人當場淚流滿面。
這種感動應該就是最好的「行銷」策略。你說，不是嗎？也很契
合孔子的樂教思維：

　　　子曰：「興於詩，立於禮，成於樂。」《論語，泰伯》

　　　孔子立教，一向以「詩教」興發學生的意志，以「禮教」規
範人倫道德，以「樂教」育成學生高尚的情操。這種教育觀影響
了我國幾千年的文化傳統，而「樂教」更對國人審美文化的影響
至為深遠。試想：合璧不也是用音樂來成就其企業之經營嗎？

　　　孔門弟子還記載一章孔子愛好歌唱的語錄，相當精彩：

　　　子與人歌而善，必使反之，而後和之。《論語，述而》

　　　這是說：孔子和他人一起唱歌，假如對方唱得好，一定請他
再唱一遍，然後自己和著唱。

　　　這裡除了顯示孔子的喜愛歌唱外，還隱含了兩層深意：一是

表示對他人的讚賞，是一種「不掩人之善」的態度。和著他人歌唱，更表示「樂取人之善」、「樂與人同樂」的態度。可見聖人的「樂教」，是不拘於時，不拘於人，隨處施教，有教無類。不僅娛樂自己，又可鼓勵別人，不是一舉兩得嗎？這與經營之哲帶著口琴隨著旅遊見學團而隨興伴奏，不也是「異曲同工」之妙嗎？

四、古今特殊的人文案例

(一) 九十年前的民生輪船公司的人文化成天下

　　盧作孚於1926年在四川創辦民生輪船公司，逐步發展爲擁有140多艘江海輪船和近萬員工的大企業。在我國那個洪荒初開的年代，他怎麼有此能耐呢？聽說他只是運用《易經》上的一句話：

　　〈象〉云：「觀乎人文，以化成天下。」《易·賁》

　　《易經賁卦象辭》是孔子所序，他說：觀察人類繽紛的文明，就能變化創新，成就天下人的幸福。是最早「人文」一詞的出處。

　　盧作孚的策略是強化凝聚力，鼓勵企業和職工的雙向參與。提出一個口號：「公司問題，職工來解決；職工問題，公司來解決」。他把這一口號印在輪船的床單和茶杯上，逐步培養職工和公司「共存共榮」的集體意識。一個口號形成了公司的「人文」標誌，發展了一個大公司。這不是「觀乎人文，以化成天下」的好例嗎？

(二) 愛因斯坦的人文素養

愛因斯坦最重人文。他講演時曾說：「我的追求非常簡單，我要以微弱的力量冒著不討好人的危險，服務於真理和正義。」這種謙虛而積極有為的涵養，就是一個科學家的人文情懷。

(三) 音樂的力量——楚、漢之爭的四面楚歌

楚、漢之爭，西楚霸王項羽敗退，劉邦帶著大軍層層把他圍困在楚地的烏江邊，晚上教漢軍一起高唱楚歌。四面歌起，項羽聽了，心想：「怎麼漢營有這麼多楚人呢？難道楚境全被征服了！」失望之餘，就吻頸於江邊。這是家喻戶曉「四面楚歌」的故事。

(四) 音樂的力量——拿破崙征服奧匈帝國

歐洲18世紀末期，法國與奧匈帝國開戰，在兩國北境相持不下時。法皇派剛從埃及敗逃回來的拿破崙，招攬數萬的老弱殘兵，帶著一批破鐵爛銅，前去救援。拿破崙突生奇計，要出其不意，設法爬過世界第二高山阿爾卑斯山。因為奧國一定沒料到法軍會從天而降，不會設防。但這群老弱殘兵，又拖著沉重的舊兵器，怎麼爬過世界第二高峰呢？拿破崙在上山前，先教唱幾首「行軍進行曲」，然後很感性、激昂地向全體官兵作了一場很哲學味的訓話，大家再一邊唱著軍歌，一邊喊著口號，果然爬過了阿爾卑斯山，接著一路如入無人之境，直達奧京維也納，兵臨城下。奧皇不得不簽「城下之盟」，法國獲最大勝利，拿破崙成了法國的英雄。

試想，以音樂為利器，都可以在戰場打勝仗。何況工廠的經營呢？這麼簡單的策略，合璧能，為什麼我們不能呢？

五、總結：人文素養在個人是修為，在企業是優質化的課題

　　人文素養也可以說是文化修養。以個人而言，包括一個人的精神、態度、情感、道德、人格，都是為人處世必須的素養。

　　因而身為機關、學校、企業公司之掌舵者，都應有責任要提升團隊成員的人文素養，最起碼也必須做到兩件事：一是提供藝術化的環境，陶冶成員的性情。一是讓成員不斷讀書、不斷地增加藝術修為。鼓勵也好，勉強也好，就是不能不重視。試想：企業員工如果讀書多了，藝術細胞多了，情性提升了，精神加倍了，工作效率自然水漲船高呀！企業主，你何樂而不為呢？

　　《易經》不是說「觀乎人文，以化成天下」嗎？我們假如能就著今日時代的多元文化，加以改變創造，來改變自家的企業，來改善員工們的幸福。就如九十年前的民生輪船公司，也如今日的合璧，求新求變，就能帶來了事業的蓬勃生氣。這些都是雙贏的策略！

※哲人對話錄

孟子說：「居移氣，養移體。」《孟子‧盡心上》

孟子說：「居住環境可改變人的氣質，修身養性可改變人的體質。這正好是公園化與人文化的最好註腳。」

經營之哲說：「工廠公園化，可以陶冶員工的氣質；工廠人文化，可以增進員工的涵養。」

▲哲人2015.12月廣東盛和塾演講

第十章　公司宗教化

引題：小詩輕唱

　　宗教情懷富善仁，慈悲博愛獨憂民。

　　經營有此精神在，企業時時一片春！

見賢思齊：師法重點

　　‧了解哲人的宗教信仰，研究他運用宗教到企業的效能高度。

　　‧斟酌自家的信仰或其他宗教，作爲滲透、振奮企業的能量。

一、「宗教」可助企業發展，合璧公司洋溢了佛理的氛圍

　　大家知道，道德、法律、宗教是維持社會安和的三大力量。一則內發，一則強制，一則勸化，各具功能；但宗教力量不可小覷。

　　何謂宗教？一般來說，宗教是人們對神明的信仰與崇拜，藉此求得平安與寄託。因爲宗教可以規過勸善，解決人們的苦痛，深具教化功用。古來就備受世人的重視，足跡幾乎是世界無處不在。

　　詳言之，宗教百百種，各有其教義、經典、戒律與信仰模式。大都是利用超自然的力量來約束信衆的行爲，獎善懲惡，淨

化人心，成爲社會行爲的規
範。因此，不少企業主都是
宗教的信徒，也把宗教引進
公司，發展業務。

▲經營之哲與果宏證書

　　合璧公司董事長詹其力
（簡稱經營之哲或哲人）很
早就加入了慈濟功德會，後
來又拜法鼓山 聖嚴法師門
下，賜名「果宏」居士，與
現任主持果東法師同屬第一代弟子，是理性的佛門信徒。上圖就
是「果宏」證書。

　　經營之哲憂心現代人心浮靡，拜金現實，因而早把宗教的
「大愛」精神引進企業，期盼藉宗教的信仰「溫化」員工的心。
台灣本廠80多名的員工全都加入慈濟功德會，上海廠也已經近百
人。

　　尤其，上海廠的宗教氣味
最濃。本書第六章〈經營者有
理念〉、第九章〈工廠人文
化〉中，曾經提到合璧公園中
計有18尊人物雕像，除世界三
大古文明的哲學家孔子、釋迦
牟尼、亞里斯多德3尊外，尚有
西洋的藝術美女15尊。其中大
多以神像命名，譬如「聖母與

▲合璧公園的維納斯女神與秋之神

天使」、「維納斯女神」、「花神」、「月神」、「泉神」、「音樂女神」、「秋之神」、「守護神」等，使整個園區洋溢了宗教的氛圍。員工天天生活其中，耳濡目染，宗教意識應會滲透他們的潛意識，影響人生觀；進而影響了企業的經營。這種無形的力道，慧眼人才曉得運用。

據中山大學博士生林佐振的論文〈佛教影響企業經營的個案探討〉文中指出：「佛教徒所經營的企業與無宗教信仰者所經營的企業，在教義影響企業經營方面，有顯著的差異。」由此可以推知經營之哲企業經營之成功，引進佛教信仰應是關鍵之一。

二、合璧的共生共榮、報恩回饋，深具佛教的布施精神

(一) 合璧25%利潤作員工福利，正是不捨心與同事攝之精神

請諸位看官大駕：容我們暫時回首來時路，重新咀嚼往日曾經有過浮光掠影的的佛說、佛理、佛義，或許滋味更甘甜。

大乘佛教經中說：「治世語言、資生事業，皆與實相不相違背。」又說：「佛法在世間不離世間覺。」這是佛教的「入世」精神，就是博施「利他」的精神。而「智慧」、「慈悲」是利他的精神支柱，所以「修慧」、「修福」是「利他」的二道法門。

在大乘佛教經中相關「入世」的精神，較簡明的有五種：

五戒：不殺生、不偷盜、不邪淫、不妄語、不飲酒。

十善：不殺生、不偷盜、不邪淫、不妄語、不兩舌、不綺語、不惡口、不貪、不瞋、不癡。

五心：不捨心、平等心、無畏心、同事心、學習心。

四攝：布施攝、愛由攝、利行
攝、同事攝。（「攝」意
為固守、守護的意思）

六度：布施度、持戒度、忍辱
度、精進度、禪定度、智
慧度。（「度」是從此岸
到彼岸，有教化的意涵）

▲經營之哲的菩薩心腸

這五大精神的內容頗多雷同，譬
如「不捨心」、「布施攝」、「布施
度」三者都指佛中人時時不捨眾生的
一切苦難，不捨菩薩的一切善行。將自己的所有，如錢財、勞
力、知識等，不時地作出奉獻。

在第六章〈經營者經營有理念〉中提到合璧公司每年提撥利
潤的25%作員工的福利，創造了員工物質與精神上的幸福。這正
實踐了大乘佛教的「不捨心」、「利行攝」、「同事攝」的精
神。「利行攝」意同「利他」。「同事攝」是與大眾同呼吸、共
甘苦、站在同一陣線，生活融成一片。可見推展「大乘」三大精
神，員工一定樂與公司同心協力。「團結就是力量」，公司自然
可以蓬勃發展。

(二) 合璧5%利潤作報恩、回饋，正是不捨心與布施攝的精神

在第十三章〈感謝報恩〉中提到合璧公司每年提撥利潤的
5%作感謝報恩與回饋社會。以合璧目前每年高額的利潤來計
算，每年可提供約400餘萬人民幣從事報恩、救濟協助工作，這

個數目相當可觀。

　　據公司資料，2014年救濟人數每月約40人，接受救濟最久的有二十八年。四十年來救濟、協助、回饋社會之金額已超過3,000萬人民幣。其中救助最多的要算經

營之哲的親屬與員工本身或家屬的重大事故之援助。這種「感謝報恩，回饋社會」正是大乘佛教「不捨心、布施攝、利行攝、布施度」的「利他」精神！

三、合璧公司推動「禪・5S」的成功，引動員工的向心力

(一)「5S」本是一種工作效率運動

　　「5S」是什麼名堂？乍聽之下，令人疑惑；聽完之後，更令人費解。但經營之哲企業經營的成功，「5S」竟然是首功。

　　世界「5S運動」是日本自1960年開始推動，逐漸擴展至全球，目的是在提高企業的工作效率、效能以及企業的形象。

　　其實，「5S」只是五項非常簡易的動作：清掃（Seiso）、清潔（Seiketsu）、整理（Seiri）、整頓（Seiton）、身美（素養）（Shitsuke），因為每個英文字都是「S」開頭，所以稱為「5S」。

　　清掃：是指打掃乾淨。

清潔：是指洗拭乾淨。

整理：是把器具要用與不用的分開。今天用的放在身旁，一
　　　週內用的放遠些，一月後用的放進倉庫，一年後用的
　　　乾脆丟了。

整頓：是把器具定位，分門別類作管理，可以取放方便迅
　　　速。不至於時常翻箱倒櫃。

身美：是指講究團隊的服儀整齊，進退有節，待人有禮。屬
　　　於品德修養的層次，所以又稱「素養」。

由此看來，推動這「5S」策略，確實可以提升很高的工作
效率。但「疏懶」乃人性之常，不容易推動，更不容易達到百分
之百。目前日本或先進國家實施率約只30%左右，台灣更少。

(二) 「禪‧5S」是哲人新創的一種心靈修煉運動

世界「5S」的效率，經營之哲看在眼裡，心裡盤算著：經
營策略就像食品一樣，如果摻入了一些
佐料，可以烹出更好的味道，人人自
然喜歡食用了。「用心出點子」，終
於他想到「佛」。「佛」是多數人的
信仰，即使其他教派的人也不會很排
斥。因而就把「5S」加入了佛理。於是
「禪‧5S」就成了合璧磨練員工心靈的
利器。

「禪」梵語「禪那」，是集中心
思、使不散亂、以思慮真理的一種修

▲「禪‧5S」的心靈修煉

爲。《華嚴經》云：「禪那云者，謂靜心思慮也。」

經營之哲說：「推展『禪‧5S』，就是要修煉員工的心靈，令不生邪念。境界比純然『5S』高，但是工作效率卻較低。因爲工作效率不是『禪‧5S』所追求的最高目標。」

不過，推展「禪‧5S」是需要先決條件的：首先公司必須一切營運健全，獲得幹部的肯定，也獲得員工的認同；其次，公司要時時關懷幹部與員工，讓他們感動與尊敬，推動較能一帆風順。

第三個條件是經營者必須以身作則，親自做給幹部看；等幹部認同了，再要求幹部做給員工看。這樣，像江水之下平原，分枝分脈，溫潤之水由上輻射而下，四平八穩地展開，自然水到渠成。

經營之哲說：「我推展『禪‧5S』的目的是要磨練員工的心靈。不必操之過急，『欲速則不達』。從醒目的、容易的開始，一點一滴地做下去，不求立即到位。堅持久了，就是你的。」

據說，經營之哲每天早晨六點半上班，第一項工作就是打掃員工的廁所，天天做給員工看；他平日時常巡視廠區，也順便撿垃圾；有時則整理盆栽、修剪花木，作員工的榜樣。這種「榜樣領導」，更可以讓員工尊敬。只要員工尊敬了，就一切好辦事。

▲哲人修煉「禪‧5S」整理花盆

經營之哲又說：要「推行

『禪‧5S』，經營者一定要經常做，耐心地做；而且要找機會一再叮嚀、勉勵，不要怕『念經』，寧可囉嗦些。久而久之，員工就習慣成自然。假如經營者自己『光說不練』，只一味叫員工要作修煉，自己卻花天酒地，時常不見人影。員工有誰願意去多做分外的『禪‧5S』呢？甚至給錢，他們都會說『老娘才不幹』呢！」

因此，推動『禪‧5S』是一種心靈的感應與感動，是經營者與員工彼此的心靈流通，不能一廂情願，更非金錢所能換取的。

(三) 筆者曾見證合璧「禪‧5S」最亮眼的成果

筆者曾於2015年8月下旬前往上海參訪了合璧電子公司（詳見第1章〈我遇見了中國「經營之哲」〉），果然處處驚奇，事事敬佩。但最令我意外驚訝的是經營之哲竟然能夠把「禪‧5S」的效應發揮到如此極致。參訪之後我才恍然大悟：原來合璧企業的成功，推展「禪‧5S」的成功是最大的關鍵。

希臘哲人亞里斯多德說：「一切藝術、宗教都不過是自然的附屬物。」不過，經營之哲並不這樣認為，他反而把這個理論顛倒過來，他將一切的藝術、宗教視為經營最大的軟實力。

譬如流水是最柔軟之物，但當它聚為洪流，可以掀天揭地，無堅不摧。同樣道理，宗教的信仰深具崇拜與畏懼的兩大力量，企業經營只要能夠善於運用這兩大力道，往往會有意外的奇效。

所謂「一花一天堂，一沙一世界」。筆者在參訪過程就特別留意「禪‧5S」的細微處。這裡就由此提出幾項玄機，大家可

以「由小看大」，應該可以推衍出其中的「龍脈虎穴」：

作業員溫文儒雅，循規蹈矩：他們三三兩兩上班，緊靠右走，說話小聲，神情優雅，一派正經；見到主管、客人都會問好或頷首；餐廳一片肅靜，飯後椅盤歸位，不留半點殘渣。和我在台灣所見的工廠作業員之態度，完全兩樣。起先我還以為全部是幹部呢！

清晨「禪‧5S」修煉，令人大開眼界：早晨七時，全廠動員起來，義務性的清掃、清潔、整理、整頓，各作各的一分事兒。近千人的龐大部隊、近十公頃的廠區，竟然只有些微清理的工具聲。最令我側目的，竟然有人墊在高椅上擦玻璃、洗樹幹、

抹樹葉，還有經理級的主管蹲在牆角拭地板。我特別留意他們的神情，竟然都很專注自若，我們走近了，似乎沒有感覺。尤其在廠區四周道路、水溝清掃的一群，任髒任苦，似乎一點不在乎。

▲上海合璧員工早晨打掃周邊馬路

我只是一個小小的筆鋤，當天又只有我這樣的一個俗客，相信廠方不會為一個小人物而特別演「樣板戲」吧！

筆者曾與幾位作業員座談，問起他們對每天早晨都要做一小時的「白工」，感覺如何？竟然異口同聲地說那是在「修煉心靈」，不是「白工」呀！當時我似乎也嗅到了「禪」的味道了。

參訪後筆者想趁便遊覽一下上海風光，公司特別派了專車導

覽。事後我拿個小紅包謝謝司機的辛苦，但司機無論如何都不肯收。不是有媒體說大陸員工最拜金嗎？但這個事實勝於雄辯！

筆者也訪問了幾個幹部，發現他們對公司是忠心耿耿，有口皆碑。詢及董事長推行「禪‧5S修煉」的看法，也都是異口一致肯定。有幹部說這項活動最大的價值就是讓員工感動，感動了必然增加向心力，自然提升了生產力。「原來如此」，讓我再次地恍然大悟。還有三位幹部的心聲，更讓人感動：

總廠長陳煙明說：「……幹部同仁目睹了董事長滿頭大汗，一絲不苟地刷洗廁所，一點一滴地邊做邊講述如何刷馬桶、如何將之延伸到工作中的小細節。……做事做到如此細緻周到，是我們所有幹部都必須學習的。」

林生富經理說：「……直到那次看到董事長蹲下去，直接用手去抓小便池漏斗清洗，並用打掃廁所的毛巾清洗後，用來擦拭自己臉上的汗水起，我明白了，董事長這一擦，擦淨了我們幹部心裡面對廁所衛生的觀念。……」

▲哲人解釋如何用心刷馬桶

合輝生管課諶銀燕主任說：「……董事長這位智者在做著D（Different）的事（指打掃廁所之怪異的事），從中感受著幸福與滿足，是一種精神享受，同時也是在教導著我們做人要謙虛，做事要從小事和細節開始，有效地建立發揮、傳播著合璧精神、理念、文化與合璧經，我們會跟緊您的腳步，繼承與接力，就像《聖經》、《佛經》和《可蘭

經》一樣繼續傳播下去……」

各位看官，「滴水觀海」，從這些點滴你看出了門道吧！

其實，合璧的「禪・5S」的學問不是太深，只是學起來不容易！首先你必須看懂經營之哲「用心」之細膩與耐心。譬如生活上他修己克勤、安儉樂道；領導上他放下身段，可以示範掃廁所，拿拭廁所的毛巾來揩臉；推動上他不厭其煩時常念經，把觀念深植心靈；行動上他常與員工打成一片，可開黃腔；尤其重要的是說到做到，利潤公開，共享共榮；對員工長期關心、關懷、關照。當然員工言聽計從，在這樣的基礎上，推展「禪・5S」就如運球於掌了。

四、舉辦兩次「上海員工臺灣見學旅遊」，見證佛恩

(一) 親沐佛恩，更見董事長「大愛」的原點

其實，經營之哲還有下面一招呢！讓員工遊覽宗教聖地，令員工實地去參拜、仰望、震撼，親炙神麻。是另一種感動。

譬如：上海廠的幹部曾分別在2011、2014年組「合璧源點文化傳承學習臺灣見學旅游團」，分兩梯次到台灣見學，特別安排參訪了台灣三家佛、道教的重鎮——花蓮縣的慈濟功德會、新北市金山的法鼓山、台北市的行天

▲第一梯次「臺灣見學旅游團」在日月潭合影

宮。這三個聖地原本名聞世界，但「百聞不如一見」，因而令他
們非常興奮與嚮往。

1. 第一站花蓮慈濟功德會

參訪團最先是到花蓮的慈濟
功德會──證嚴法師的佛門聖
地。一入佛門，大家似乎到了另
一個國度，見到最多的是雙手合
十作揖的志工與笑容，聽到最多
的是輕聲細語的「阿彌陀佛」與

▲寧靜無塵的慈濟靜思堂

「感恩」，遇到的盡是謙謙君
子、文雅淑女，聆聽志工的介紹，有如飲了心靈雞湯。

後來到慈濟醫院，最驚訝竟然沒有錢也可以到這兒看病，
更知道這群五六百位的志工，多的是大企業的董事長、大學教
授。「一花觀天堂」，由這微末細節裡，大家都看到了慈濟「大
愛」的源點，大家也憶起塵封已久的印度洋大海嘯、四川汶川

大地震、青海玉樹大
地震、日本福島大海
嘯時，那一批批慈濟
志工的藍衫影子，不
辭辛勞，遠渡重洋，
跨越國界去救苦、救
難，啓發人性的真善
美。如今親臨實境，

▲合璧參訪團與慈濟醫院的院長合影

感受一定不一樣。

　　不是有人說台灣最美的風景是「人」嗎？他們卻覺得應該是「志工」，尤其那群藍色的身影，親切有禮，令人印象最深刻！

▲合璧人進謁法鼓山的陣仗

2. 第二站新北市金山的法鼓山

　　法鼓山是聖嚴法師的佛門聖地。參訪團在「輕聲細語」的引導下，進入另一番世外境界。第一項工作是靜坐「冥想」，跟著師姊的口令：「思想放鬆，頭皮放鬆，眼皮放鬆…………一切放空」。然後閉目調息，反覆默念。誠然可以解放大腦，讓全身放鬆。在繁忙的今日，這一招確實受用無窮。

　　法鼓山的建築很特殊，皆以環保概念為優先考量，儘量不破壞環境，使整座寺廟可以和大自然融為一體。尤其樓梯的每個轉角都有折彎的玻璃窗，一窗一景，非常特別，除了可以把不同面向的景觀聚焦於眼下外，似乎還有所

▲聖嚴法師的法鼓山融合自然的一景

啓發吧！大家正在紛紛猜測著。

後來師父說：這是暗示著人生不如意十常八九。啓示大家有時遇到阻礙，偶爾會有「山重水複疑無路」之嘆。這時你不妨轉個彎，換個方向看世界，也許可以看到「柳暗花明又一村」的景象呢！所以大家對此一行的印象也非常深刻。

3. 第三站台北市行天宮

行天宮的主神是關聖帝君（恩主公），是台灣香火很旺的廟宇之一。車途中有人擔心：會不會和大陸的廟宇一樣，不但要門票，連燒香、祈禱都要錢。抵達後竟然一切免費，而且你只有興趣，義工都可以義務爲你念經、禱告，還會送你宗教書籍。這是在大陸難得一見的。

合璧上海廠的幹部兩梯次二、三十人，作了難得的台灣行，也許沒有太多驚訝，但至少開了另一個眼界。其間公司安排了台灣最代表性的三座廟宇，規模雖不大，卻別開生面。令大家親身體驗了兩岸不同的信仰文化。尤其親身體會了台灣宗教的大愛精神，當然更可以進一步體會董事長數十年來利他、行善、濟世的胸懷，應該是「其來有自」吧！今後應該更會貼心爲公司盡最大的努力。

據說參訪團最後選擇了慈濟功德會，自動加入了不少人，後來公司又安排慈濟高人到公司演講，參與了慈濟志工的維護大地與救濟活動，感動了更多人，加入者更爲踴躍，如今已經近百人了。可見宗教感人之速又深，往往超乎我們的想像。正是企業可以運作的正能量。

(二) 合璧之宗教化，和孔子的宗教觀相類似

子曰：「鬼神之為德，其盛矣乎！」〈中庸・第十六章〉

孔子以為鬼神看不見形象，聽不到聲音，但卻無物不顯，無處不在，所以認為祂的作為與靈效是非常盛大的。

由此，可見孔子不僅肯定了鬼神的存在，也認為鬼神有很大的影響力。只因為虛無縹緲，無法掌握，所以孔子平日並不談論。因此，弟子們曾有下列的一段語錄：

「子不語怪、力、亂、神。」《論語・述而》

孔子的弟子敘說夫子平常不談論那些怪異、勇力、變亂、神道之事。因為世人對於這

▲孔子（宋人繪）

些神奇異事，每每津津樂道，卻無益於世道人心。所以孔子平日只是談善不談怪，談德不談力，談治不談亂，談人不談神。而勸人要「敬鬼神而遠之」。即叫人要尊敬鬼神，但保持距離，不能沉迷。可見他為人與教育的務實態度。

古時的「神」是指天、地、山、川的神明。「鬼」是指死去的人，包括偉人、祖先。應該不可怕，可怕的是被後人誤解了。

經營之哲很早就是佛教的信徒，也作了很多捐獻。因而昌傑顧

▲合璧公園裡「禪」的一景

問公司董事長洪和昌稱他爲「企業禪師」，並爲他編輯一本《企業禪師》專輯。但依我看，他的爲人是理性勝於感性，企業重於信仰，所以他的宗教信仰應該是「理信」超過「迷信」，對神明只是「虔誠」而不沉迷。這種態度很類似於孔子的宗教觀。

五、總結：宗教化運用於企業，應有很特殊的效果

　　有個顯著的例證：日本「經營之神」松下幸之助創辦松下電子的二十年之後，開始信仰佛教，在家設立眞眞庵佛堂，天天祭拜，並請禪師到公司向員工祈福、講道，員工深深受到他的信仰之影響，從此公司漸漸講究誠信，注重商業道德，提升服務品質，增加回饋社會；而公司的員工，顯然也變得比較禮貌、熱忱、謙虛、溫和與敬業。無形中提升了公司的形象與營運的業績，從此，松下電子的產品行銷，更擴及了世界百餘個國家。

　　稻盛和夫在《敬天愛人》書中特別強調「許多事情的達成，就像在自己的心中作描繪一般。因爲心中的潛意識會引領我們走向成功。」意思是說我們心中存有這項意念，可以促進成功。

　　稻盛和夫這個有關「潛意識」的提點相當重要。其實，宗教化的力量就是一種「潛意識」的力量，值得好好運用。

　　台灣俗語：「有拜有保庇。」其實，拜拜不一定這麼靈驗，但宗教的神祕力量滲透人類「潛意識」中，其影響力就不容小覰了。這一點經營之哲知之甚詳，所以運用得非常地成功。企業經營的面向很多，至少「經營之神」松下幸之助與經營之哲運用的宗教化之成功，是很值得思索的一個面向。

※哲人對話錄

　　早年我國大學者梁啓超説：「佛教之信仰，乃智信而非迷信，乃兼善而非獨善，乃入世而非厭世。」

　　經營之哲説：「企業之信仰，乃理信而非迷信，乃善心而非貪心，乃利他而非利己。」

　　德國哲人叔本華説：「宗教就像螢火蟲，爲了發光而需要黑暗。」

　　經營之哲説：「企業就像慈善家一般，爲了利他而需要信仰。」

第十一章　公司學校化

引題：小詩輕唱

　　經營企業苦人才，產學失調誠可哀！

　　若要公司長穩定，奇花巨木自家栽。

見賢思齊：師法重點

　　‧研究哲人以學校模式培育人才，並煥發員工學習的

　　　高度。

　　‧思考自家培訓員工的策略，視員工成長爲公司發展

　　　的武器。

一、教育是百年大業，是企業的磨刀石。合璧開風氣之先

(一) 企業教育是人生的金鑽階段，對個人或公司都是關鍵

　　俗諺說：「十年樹木，百年樹人。」是說樹木長大成材需要十年的時間，而人才成材需蘊育百年。極言人才培育之不易。

　　《禮記‧學記》云：「古之王者，建國君民，教學爲先。」是說：「古代的聖君建設國家，管理人民，都把教育列爲最優先。」

　　學校是教育最強勢的措施，是人才培育的洪爐。古今中外的傑出領袖無不把教育列爲國政之大纛，把學校看作建設的基石。

　　企業像是國家的縮影，也需透過教育培植人才，豐富資源，

力求發展。合璧工業
公司董事長詹其力
（簡稱經營之哲或
哲人）就特別重視教
育這個區塊。他以為
「人才是公司最重要
之資產，是決戰百年
的關鍵。」不過，學

▲試問：這景象像不像一所合璧科技大學？

校只是人生的基礎教育；企業教育才是決定人生格局的階段，也
才是最有利於公司發展的教育。

(二) 哲人把企業當成學校在經營，其祕訣值得探究

　　經營之哲很努力推展「工廠公園化」、「工廠人文化」、
「公司宗教化」等一系列策略。「公司學校化」是最重要的一
環，把公司的一切活動都環繞著企業教育與人才培育的兩大目標
而展開。

　　因此，今天我們縱觀合璧企業絕不只是一家公司，也絕不只
是一座工廠，而是當作一所科技大學在經營，活絡著許多「課程
樣板」的活動，融入員工的生活與工作中，促進員工知能的成
長；進而又可調濟精神，提升氣質，深耕企業的文化、塑造公司
的形象。使整個廠區洋溢著「百花齊放，眾鳥競鳴」的生機，熱
鬧滾滾，不一而足。對員工個人的未來或公司的發展，都是「利
多」。因此，很值得其他中小企業作專題探討。

二、合璧企業「科技大學」的百花齊放

(一) 公司學校化的第一步：員工作息小學化，雕塑規矩

　　合璧公司把公司當作一所學校，董事長當起校長，幹部都權充教師，將員工看作學生，甚至像是一群小學生般地關心、呵護、引導，關心他們的起居，呵護他們的健康，引導他們邁向康莊大道。

　　筆者小學時，早自修後就是打掃環境、升旗典禮、師長訓話、早操、晨間檢查，然後開始上課。記得我們當時無不規規矩矩，尊師重道，以遵守校規為榮。不過，今日台灣的小學生已經「進步」到不吃這一套了。今天有幸參與合璧員工的早上作息，令我非常驚訝，也感到很溫馨，竟然讓我有如「回到從前」了。

　　1. 7:00～7:25「禪‧5S」第一道修煉「整潔環境」：全體幹部、員工都動了起來，開始義務清掃廠區，淨化環境，美化心靈。整座廠區全員驅動，各做各的一分事兒，沒有談話聲，也無敲打聲；最難得的是個個掛著一副安祥自適的神情。聽說全廠的出席率超過99.5%，這種義務性的「自動自發」應該是天文數字！

　　2. 7:25～7:30第二道修煉「早操」：大家湧到大樓前，各就各位，行伍齊整，頃刻間，日本NHK的體操音樂響起，將近800位員工一起動起來，

數大就是美，氣勢磅礡。接著男生伏地挺身30下，才結束了晨間的健身運動。

　　3. 7:40～8:00第三道修煉「朝會」：全體員工進了大禮堂，是精神訓話的時間。平時是由幹部講話，大都屬於現場與生活的細節。如果董事長到上海，則由董事長訓話，大都是精神與道德的期勉，有時提出企業的發展方向。聽員工轉述，董事長最常諄諄教誨的是「禪‧5S」的心靈修煉。其次是叮嚀大家要勤勉節約、忍耐和諧、守規矩、重紀律、有責任感。而最後常總結在「共生共榮、感謝報恩」上。經營之哲是要把人生哲學慢慢傳播下去，衣缽相承，希望培育新一代的企業中堅。

▲合璧董事長主持員工朝會的景象

　　4. 播放音樂：公司每天早晚、中午休閒時間都播放古典音樂或各國民謠，以調劑精神，陶冶心靈。（請參閱第9章〈工廠人文化〉）這些策略，都把員工當作小學生一樣的看待，關照他們、砥礪他們，促進成長，雕塑成材。很吻合儒家的教育觀：

　　荀子說：「木受繩則直，金就礪則利。」（《荀子‧勸學》）

　　荀子是說：「木材經過墨繩的規範後，就可以裁得很直；金屬經過磨刀石磨礪後，就可以變得很銳利。」同樣道理，人也需要經過教育的磨練與雕塑，才能成長，才能成為有用的人才。

　　不錯！立志做大事者，必須先從小事做起。合璧的這些「作

息小學化」的種種措施，就是要作爲員工的墨繩與磨刀石，慢慢磨練他們的耐心、毅力、品性，雕琢成爲合璧的鐵騎部隊。

(二) 公司學校化的第二步：出版書刊，營造讀書風氣

　　早年的企業如果出版書籍或雜誌，都會被視爲「奇蹟」。不過時代進步了，近來不少大企業都會發行雜誌書刊，只是多數是作爲一種行銷策略，介紹產品，廣爲宣傳。但合璧公司則不然，其目的則重在宣揚經營的哲學與理念，希望告訴世人：「企業需要哲學，經營需要理念。」以啓發並帶動天下中小企業的發展。可說是一顆菩薩心腸，滿懷「世界大同」的抱負。

1. 細數合璧企業出版的刊物

　　合璧公司至目前已經出版一分雜誌、五冊小集：雜誌名爲《合璧流》，發刊於2010年1月，至2016年1月，刊行27期。大多是員工對公司經營的感受，也有不少是受助家屬的感謝函，也有部分是參訪人士的參訪觀感、心得。發行很廣，影響較深。

　　五冊小集指《合璧情》、《合璧謠》、《合璧魂》、《合璧粹》、《合璧源》，各有編輯重點與出版因緣：

　　《合璧情》出版於2012年6月，皆爲員工的小故事與感言，

屬溫馨小集。

　　《合璧魂》2014年1月出版，報導合璧公司榮獲「亞洲企業的經營理念」八大企業之一，收錄日本「PHP研究所」河口充勇所報導〈用人生處世哲學來傳遞我的理念──合璧工業公司的理念傳承〉的一篇長文，並作相關的引證。

　　《合璧粹》2014年4月出版，是選輯《合璧流》雜誌第1～22期的精華文章，分為「理念篇」、「感恩篇」、「見學篇」合輯成書。

　　《合璧源》出版於2014年11月，收錄上海合璧幹部兩梯次到台灣見學的感想，分為「親情」、「文化」、「價值觀」三編。

2. 合璧企業出版刊物的功能

　　經營之哲說：「我們出版的刊物，大部分是員工的心聲。讓員工自己看了，當然深有成就感；同事看了，也會生發共鳴，撼動力更大；而且還廣贈天下，可以做為天下中小企業的燈塔呀！」

　　不錯！這些書籍與雜誌，可以提升員工的自信心與熱情，更順勢帶動了讀書風氣，陶冶性情，提升素養，擴展光環，增加公司的能見度。正是契合了孔子著作《春秋》的胸懷。

　　孟子說：「孔子成《春秋》，亂臣賊子懼。」《孟子‧滕文公》

　　蘇洵〈春秋論〉說：「夫子作《春秋》，以公天下。」因為春秋時代晚期，世衰道微，天下混亂，邪說暴行充斥，有臣子弒其君的，有兒子殺其父的。孔子很憂心，就撰寫《春秋》，對

這些亂臣賊子口誅筆伐。使他們很擔心惡名昭彰，留傳千古，非常害怕。當然發揮了警世與戒勉的作用。

可見孔子撰著《春秋》的目的，是要作為社會的公器，討伐亂臣賊子的罪行。所以蘇洵說孔子是作為「公天下」之用。

不錯！合璧出版了這麼多經營理念的書刊，目的也在公諸天下，希望幫助天下中小企業的轉型與發展。可說與孔子同樣是「立人達人」與「社會大同」的胸懷。

(三) 公司學校化的第三步：親率見學團，要作中國人的典範

企業員工的旅遊見學，可以舒暢身心，增廣知識，提升才能，可說是一種經營學的大智慧。合璧公司就時常辦理這些活動，而最大特點是經營之哲都親自帶團遠征，目的在培養員工外出言行之規矩，甚至講究到很挑剔的地步。

譬如旅遊團出訪前，經營之哲都一再教導與要求：「無論到哪兒，都要輕聲細語，椅子要輕拿輕放，用餐胳膊手肘不上桌；外出住宿次日早晨要將房間整理好，棉被要摺疊整齊；要隨身攜帶塑膠袋，隨時撿垃圾；摺疊垃圾袋時，不可發出聲響；外出的行李要用深色……」同樣的話一再地絮聒（**另見第7章〈經營者經營很用心〉**）。

最近的一次是2015年11月的泰國之行，行前董事長就一再

交代：「要提
前做好準備，
要做中國人之
典範，並獲
得外國人之尊
敬。」並還叮
嚀每人都攜帶

▲合璧員工泰國見學團歡樂掩映於大樹之下

小禮物與塑膠袋。小禮物可以用來送給外國人，塑膠袋可以隨時
隨地撿垃圾。在旅遊過程中，董事長又隨時指導大家用餐禮儀，
譬如：如何讓菜盤放得更美觀？如何將殘渣收拾得更藝術？如何
留好空間讓服務生上菜的利他考量？如何讓其他人震撼？……

　　經營之哲說：「我就是要合璧人走到哪裡，都是中國人的典
範，讓世界的人都尊敬我們！」又說：「我們當中國人的典範不
是責任，是一分使命感。一個小禮物可以讓人感動，一個小動作
可以創造前所未有的奇蹟。」

　　這是何等的智慧！何等的豪氣呀！無怪乎合璧人無論走到哪
裡，都嚴守規矩、輕聲細語，乾淨整潔，無不令飯店瞠目，讓接
待人員驚訝。日本之行，就有日本人指著他們說：「這群日本人
的華語怎麼說得那麼好！」泰國之行，有泰國人指著他們說：
「你看，怎會來一大票日本人幫忙撿垃圾呢！」

　　這些教育正符合了孔子所謂的「儒者之行」：

　　孔子曰：「儒者其坐起恭敬，言必誠信，行必中正：其備預
有如此者。」《孔子家語・儒行》

　　孔子是說，一個讀書人的生活行止要恭謹敬慎，說話必須誠

實守信，做事必須中道堂正：儒者這個自我磨練的預備過程是這樣嚴謹的。而經營之哲對員工之種種要求，不也是這樣嚴謹的嗎？

(四) 公司學校化的第四步：推展社團，增強未來力

「社團」的組織來自歐美先進國家，多指以文化、學術或公益性為主的自主性團體，先由大學裡發展起來，也深具了教化的功能與使命，慢慢延伸至社會階層。但兩岸三地大多停留在大學階段。企業界尚待努力。不過合璧公司早就大力地多元推展了。

企業推展多元社團需要有些先決條件，譬如：工廠規模要大，廠區也要大，設備充足。最關鍵的是經營者要有遠見。合璧企業就充分具備了這些條件，而且員工多數住宿舍，可利用業餘或夜間辦理，所以頗受歡迎，推動順利，提升了不小的向心力。

右圖是合璧員工的宿舍區與各個社團的活動區。目前的社團計有英文、日文、鋼琴、

室內體育館　電腦室　讀書區　乒乓球室　交誼廳

口琴、竹笛、滑輪、游泳、籃球、足球、羽球、乒乓、登山、電腦等，每社人數雖不多，但相當多樣，給公司帶來不少活力。

設備方面：廠區設有專用教室或場所：如體育館、電腦室、

讀書室、桌球室、交誼廳
等，儼如就是一所學校。

　　公司也常配合社團，
舉辦各項活動：如聚餐、
烤肉、郊遊、潛水、晨跑
等。也舉行比賽，如長跑
比賽、拔河比賽、足球比
賽、籃球比賽等，可以紓
解工作的緊張壓力，活絡
精神。請看，拔河比賽的
情緒多High！他們個個春
風滿面，精神抖擻，在長
年勞力繃緊下，偶爾可以大夥
兒一起嬉戲，一塊歡樂，那種
感覺恐非局外人所能領會的
呀！

　　其實，這也是一種進修、
一種進境，更是一種終身成
長、一種終身學習。生為一
個現代人，不僅學識能力要終
身成長，道德修養也要終身
成長，才能有「利他」的愛心
呀！這正符合了《詩經》「切
磋琢磨」的宗旨：

▲合璧員工的鋼琴社活動

▲合璧員工的滑輪社活動

▲合璧拔河比賽活動

▲合璧橫笛社的笛聲悠揚而起

　　《詩》云：「有斐君子，如切如磋，如琢如磨。」《詩經・衛風・淇澳》

　　《詩經》是說：文質彬彬的君子之修道進學，就像工匠整治骨角，切了再磋；也像整治玉石，琢了再磨。務使精益求精，盡善盡美。

　　合璧工廠的學校化也是如此：先採小學生的作息加以生活磨練，再出版刊物作意識陶冶，又帶他們出國見學以塑造中國人的典範，最後更推展各種社團活動，雕塑未來力。這不就像工匠整治骨角、玉石一般，切了再磋，琢了再磨，務使精益求精嗎？這樣，對公司人才的培育、生產的質量，一定都是「利多」！

　　試問：人才濟濟了，產品嘎嘎叫了，企業還能不賺錢嗎？

三、企業「學校化」其他案例；他山之石可以攻錯

(一) 上海康元印刷製罐廠的實業救國

　　這是非常特殊的案例。19世紀是我國多災多難的年頭，世界列強不只是武力的侵略，各項經濟勢力更如火如荼地八方夾殺。這時項康原卻能擺脫虎爪狼齒，於1922年創上海康元印刷製罐廠，他是國內最早經營印花鐵罐的工廠，也是最早推行「科學管理」的企業，更是早年推展「學校化工廠」的典範。

　　當時我國國窮民窘，青少年國小畢業大都是失學又失業，政府無可奈何。約1930年起，康元公司振臂而起，招收貧寒學生，把企業當作學校來經營管理，在廠裡設立了教育部、膳堂飯間、宿舍、醫藥部，而且還照顧了課餘生活，積極推展各種教育活

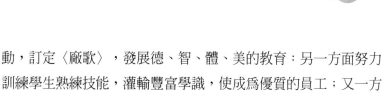

動，訂定〈廠歌〉，發展德、智、體、美的教育：另一方面努力
訓練學生熟練技能，灌輸豐富學識，使成為優質的員工；又一方
面培養服務道德，鍛鍊強健體魄與愛國情操。不僅提升了員工的
職業素質與企業精神，更增進了企業的形象與競爭力。帶來可觀
的經濟利益，進而更推展「實業救國」運動。在抗日期間做了很
多貢獻。

(二) 車王公司非常重視員工的教育

1997年榮獲「中小企業創新研究獎」、1998年續獲「第九屆
國家品質獎」的車王公司，是台灣中部的一家中小企業，主要生
產汽車電子點火系統及發電穩壓系統，成就非凡。

車王公司的成功關鍵最重要是他們很重視員工的教育，教
育樞紐在培養各部門的「自主管理」與「心靈再造」，導入
QS9000品質管理系統，透過5S的教育訓練：「素養作戰、整理
作戰、整頓作戰、清掃作戰」與「清潔作戰」等實際行動，培養
員工建立「文化層面的共同認知」。各部門利用每週的某一天下
午4:30～5:00實施培訓。就以「三種素養作戰」為例：進行一分
鐘讚美同仁、從親子關係談成功的第一步、表達感恩的心。並融
入了公司的五大價值觀：誠信、奮進、創新、奉獻、感恩。所以
車王公司員工上班不必打卡，意見箱裡有意見書。這就是學校化
自主管理的成果。

(三) 凌特國際貿易公司的「小而美」之教育化

凌特公司主要代理多家歐洲的知名產品，雖只是一家幾十

名員工的「小而美」之
貿易公司，但「誠信、
品質、專業、負責」的
理念服務客戶，信譽卓
著。從總經理到員工，
個個精明幹練，生龍活
虎，遠交近攻、能征善

▲總經理王輔民（中）遠征國外

戰，而且向心力十足，近三十年來業績扶搖直上。關鍵就在公司
平日很重視員工的培育與照顧。他們有不少「公司學校化」的作
法：

1. 一分鐘的觀念溝通：每週三由輪值「主講人」挑選名
人名言寫在黑板上，讓每位同仁將心得、看法寫在A4的半張紙
上，並發表一分鐘，目的讓同仁之間分享閱讀心得，訓練表達技
巧，並促進彼此的感情交流。一年50來次，人人都可跳躍式地成
長。

2. 發行《凌特專刊》：屬於「半年刊物」，已經發行十二
年。除了相關商情、業務的報導外，1/2以上都是員工之生活、
遊覽、參訪心
得的作品，可
以激勵員工的
用心、互相觀
摩，促進成
長。

▲凌特公司員工集體遨遊（左為總經理王輔民）

3. 舉辦自強活動：所謂「讀萬卷書，行萬里路」也是凌特激勵員工的策略之一。目標廣泛，由《凌特專刊》中可以看出他們的屐痕踏遍了台灣、大陸與很多國家。既緩解精神，增廣見聞，又可借他山之石來攻錯，可以一舉數得。

　　可見小公司也可以「學校化」，關鍵在企業人有沒有遠見！

四、總結：企業「學校化」對經營人與員工都是成長的樞紐

　　子曰：「三人行，必有我師焉。」《論語‧述而》

　　孔子示人進德修業要取人之長，補己之短。企業經營更需要這種胸襟。

　　譬如：你的員工作息，也採取小學生化方式，精神教育成功了，你的企業不就已經成功了一大半嗎？你也出版書刊雜誌，宣揚經營理念，不但激勵了員工的不斷成長，更可以布施功德，提升知名度；如果你也推廣參訪見學，公司可以突破閉門造車，擴展視野，與時俱進；如果你也強力規範員工生活細節，處處令人刮目與尊敬，或許常有一些天外的禮物掉了下來。

　　不可諱言，「工廠學校化」、「公司教育化」進行之初，當然增加不少經費，也會遭來部分員工的不屑。不過這是「十年樹木，百年樹人」的工程，只要企業能夠「青山長青，綠水長綠」，你的心血一定值回票價，而且物超所值。合璧、車王、凌特、康元四大中小企業就是最好的鏡子。聰明如您，還需遲疑嗎？

　　再以員工的立場看：「工廠學校化」、「公司教育化」或許有些員工會覺得是「多此一舉」，以為工作只是為了賺錢，每天就只要「上班、下班」就得了，何必那麼囉嗦呢！殊不知金錢並不等於人生，上班也不只是為了賺錢。人生需要有理想、有進境，生活需要有調適、有興味；所以人人必須終身學習、不斷成長。「工廠學校化」正是提供員工這些成長、調適的養分與機會。你不僅不能忽視，更要積極參與，帶來有趣味的一生！

※哲人對話錄

　　俗云：「教育是人類希望的工程，學校是實現希望的場域。」

　　經營之哲說：「公司是員工希望的場域，教育是員工希望的工程。」

　　亞都麗緻旅館系統集團總裁嚴長壽說：「教育不是裝滿一壺水，而是點亮孩子心中的蠟燭，讓他發光發熱。」

▲經營之哲之曰「道」

　　經營之哲說：「公司不是裝滿一房間的錢，而是燃起員工心中的電光，讓他們發熱發光。」

第十二章　公司家庭化

引題：小詩輕唱

> 企業經營有祕辛，勞資營造一家人；
> 關懷關照齊心力，石塊都能變異珍。

見賢思齊：師法重點

- 研究合璧「我們是一家人」的祕辛，深入探討其細膩之處。
- 敞開心胸，從關心、協助、福利切入，開展自家的大能量。

一、關愛是「生而為人」的權利，也是義務

「關愛」是你、我、他相互的付出，彼此地扶持。可以溫暖了別人，也昇華了自己。更是「我為人人，人人為我」的最佳寫照。由此觀之，「關愛」是生而為人應有的權利，也是義務。

試想：我們每一個人從嬰兒到老年都有「被愛」的需求。因而我們應該將心比心，也要付出關愛，關愛別人，關心社會國家。

尤其關愛像是一條河流，只要開始流動，就不會止息。因為流動出去的水會滋潤很多人、地、事、物；而被滋潤的人、地、事、物，又會把滋潤漫延下去。譬如滋潤了良田，良田豐碩了佳禾，佳穀又養活了無數人；而人們又把這種愛繼續傳播下去。那

麼「愛」就無止息了！

　　曾經於1979年被授予諾貝爾和平獎的加爾各答修女德蕾莎說：「寂寞和不被需要的感覺是最悲慘的貧窮。」又說：「愛的反面，不是仇恨，而是漠不關心。」因此，生而爲人，都應該洋溢起熱情，不吝付出，關懷所能關心到的人。這是盡義務，也是享權利。

二、合璧公司推展「一家人」的關心、關照，無微不至

　　員工是企業生產的源頭，員工有向心力，有工作熱情，生產的品質可以提升，生產的數量可以增加，對公司的發展十分的重要。所以有眼光、有EQ（情緒智慧）的人，對員工不僅是管理，還要關心、關懷、關照，才能獲得員工的向心與熱情。請看看合璧公司董事長詹其力（以下簡稱經營之哲或哲人）特別細膩的訣竅。

(一) 對新進員工的阿護

1. 凡新進的員工都要和董事長合照

　　大家都知道，新進團隊的員工，都像一隻菜鳥，緊張、徬徨、無助。這時合璧的老董都會一一邀來談心、合照，並加洗兩張，一張給員工保存，一張由公司直接寄給家長，讓家長安心。因爲上海廠的員工來自四方，有的相隔千山萬水，一張照片可解千里相思之情。有經歷二、三職站的員工非常驚訝，他說在別家公司很久，連董事長的面都不曾一瞥呢！有的家長回信感恩，他們說由此相信孩子一定會得到很好的照顧。

右兩圖多親熱呀！你猜他倆是父女？是祖孫？是忘年配呢？

　　經營之哲說：「董事長平常和員工不便肌膚相親，因而我常趁這個機會把她

（他）拉靠過來，讓他們印象深刻，永覺溫馨。」

　　一張相片可以解千里相思，一個拉靠可以溫暖遊子的心。小動作，大道理。朋友！經營者！企業家！你可曾想到？

2. 董事長親贈紅包──新台幣100元新鈔

　　我國習俗，贈送紅包是一種祝福，一項吉利。經營之哲送給每位新進員工新台幣100元新鈔，並告訴他們隨身攜帶，永保平安幸福。新台幣在大陸不能花用，當可永為護身符，真是一絕呀！

3. 設置專人輔導與認養

　　新人易找，人才難塑，而且難留。「玉不琢，不成器」，經營之哲體會良深，所以特別著重「留才與塑才」，而且從新進的一刻就開始「心理建設」。

　　首先實施「學長制」，每個新進員工除了現場有主管外，再分配一位輔導學長或學姐，負責技能的輔助與生活的輔導。另外又指定台灣廠的一位幹部認養，這位幹部必須每週電話問候、叮

嚀與撫慰，一年三節還要寄送小禮物。

▲經營之哲和實習的學生團體合照

筆者曾就這幾件事訪問幾個新進員工。他們不約而同地都說：「開始非常驚訝，繼而覺得很溫馨。」有的更說他在其他公司，一年到尾就是「工作再工作」，哪有誰會前來關心。兩相比較，別如天壤。還有一位司機說，他新進時的輔導學姐後來成了他的夫人呢！

「留人先留心」，合璧第一步「留心」的工夫非常成功。

新進員工就像懵懂的小孩初進幼兒園，一方面緊張、畏懼，很想逃避；一方面新鮮、好奇，很想嘗試。合璧立即適時給予多方的鎮靜劑，加以撫慰。這很類似《大學》「如保赤子」的說法：

〈康誥〉曰：「如保赤子。心誠求之，雖不中，不遠矣。」《大學·釋齊家治國》引用《尚書·周書》

《尚書》這句話原是周成王告誡康叔的訓言，意思是說：「保護平民百姓要像母親保護嬰孩一樣的疼惜與縝密。《大學》引來強調齊家治國要能像媽媽保護嬰兒一般地真心真意，那麼雖然還不完全合於齊家治國的理想，但也相距不遠了。」

試想：合璧對於新進員工，可以和董事長合照，又送新台幣給個吉利，更有學長姐輔導、與隔岸的幹部關懷，可說關照得無

微不至。將心比心，這不正像母親愛護嬰兒一般嗎？

(二) 平日對員工的關照

　　日本經營之聖稻盛和夫說：「企業經營並非只是實現自己的夢想，而是從現在到未來都得保護員工和他們的家庭。」

　　經營之哲說：「創造利潤只是企業經營的過程。創造價值，共生共榮，感謝報恩，回饋社會，才是我們經營的最終目的。」

　　因此，合璧特別著重創造員工幸福的區塊，採「分路合擊」：

1. 積極創造員工生活與物質的幸福

　　合璧每年提撥利潤25%作幹部、員工的福利。以公司近年都可賺得高利潤，而在員工不及千人而觀之，紅利應該相當可觀。這就是經營之哲所說「創造價值，共生共榮」的理念。

　　而且董事長平時對於有優良表現的員工，時常適時給予各種的表揚或獎勵，重要節日都會特別到上海廠與大家一起「快樂過佳節」；尤其農曆新年一定前來一一發紅包，祝福大家過好年。更時常濟助員工

▲過年哲人到現場一一發紅包

或家屬的急難。由《合璧流》期刊裡，一篇一篇感恩的報導，足以令人讚嘆。

　　孟子倡導「以民為本」的政治哲學，認為國君能讓百姓的生活「仰足以事父母，俯足以畜妻子」。這樣的國家可以「保民而

王」而稱王天下。像合璧員工的待遇提高了，家庭富足了，那麼誰不樂意爲公司效勞呢？企業當然就「稱王」天下了。孔子說得更好：

　　子張問仁。孔子說：「惠則足以使人。」《論語‧陽貨》

　　孔子是說：「一個仁者肯施捨恩惠給百姓，百姓就會心悅誠服地爲他做事。這也是孟子所說「愛人者，人恆愛之」的道理。

　　合璧公司對員工的福利，不吝所私，捨得施予。無怪乎他們員工的作業，個個精神抖擻，兢兢業業，確是「其來有自」呀！

2. 積極創造員工精神與心靈的幸福

　　合璧在創造員工精神與心靈的幸福方面做得更細膩。請看：

　　(1) 推動「禪‧5S」：董事長以身作則，親自率領員工實踐清掃、清潔、整理、整類、素養等修行，修煉心靈，美化身心，使大家安心而愉悅工作，而達於「禪定」境界。

▲忘年會董事長（中）高歌

　　(2) 辦理各種團體活動，拉近彼此的情感：團體活動可以調劑員工的情緒，消除工作的壓力，增進彼此的情誼，對培養團隊精神有很大的作用。員工也可以培養活動魅力與領導才華，增強臨場反應與表達能力，增進親和友善，好處多多。合璧在這區塊辦得很精彩：

　　① 辦理各種晚會：譬如忘年晚會、生日舞會、烤肉聯誼、慶生聯歡、音樂晚會，讓員工在刻板的工作中點綴了歡樂的色彩。

②辦理社團出遊：
最近如植物園賞花、登南
京明城、遊三潭映月、上
虞採梅、寒山寺踏青，讓
員工可以放身自得，一起
歡笑。

▲上海合璧員工燒烤活動、歡樂在一起

③辦理比賽：最近
像長跑比賽、拔河比賽、青年足球比賽、質量月演講比賽，多彩
多姿，可以培養專才外，也讓員工在不同的領域有了嶄露頭角的
機會。

④辦理體能運動：
如晨跑、體操、游泳、浮
潛、滑輪表演，除鍛鍊身
體外，又可調劑精神，舒
暢身心。

⑤辦理旅遊見學活
動：如前章所述，包括國

▲上海合璧員工的快樂寒山寺遊

內外各種旅遊、參訪、見學，除了大開眼界，增廣見聞外，還可
以用來「取人之長，補己之短」，對創新精進應很有助益。

我們不要小看合璧辦理這些玩意。這些活動表面上可以讓員
工歡樂在一起，骨子卻很契合孔門師生的「時雨春風」，一種樂
學。《論語》中有一章有趣的紀錄：

有一天，孔門弟子子路、冉求、公西華、曾點四人陪侍著夫

子。孔子要四人談談自己的志向。子路、冉求、公西華三人談的都是為政作官之事，只有曾點（曾參之父）卻大異其趣：

曾點曰：「莫（暮）春者，春服既成，冠者五六人，童子六七人，浴乎沂（河名），風乎舞雩（古時祭雨壇），詠而歸。」夫子喟然嘆曰：「吾與（贊同）點也！」
《論語‧先進》

▲孔門四弟子侍坐的想像圖

曾點是說：「當暮春時候，春衣已經做好，我會邀約五、六個青年，六、七個小孩，到沂水洗洗澡，再到舞雩那兒乘乘涼，然後唱著歌回來。」孔子長聲嘆道：「我贊同曾點的觀點啊！」

由曾點的話裡，可以看出他的胸次悠然，樂於眼前的日常生活，善於體會自然的妙趣，安於純真灑脫的生活；也暗示作官與否，因任自然，不去強求。和前面三位弟子大言立志為政作官，完全不同的境界。而孔子竟然讚許曾點的看法，可見孔子也喜愛這種灑脫、自在、純真、悠遊於自然的境界。

後世有人以為孔子之所以贊同曾點，因為孔子對道之不行而深嘆。所以也表達了「因任自然」的灑脫，喜愛上曾點那種悠遊於自然的境界。師生同趣，也是一種很好的教育。這與合璧為員工辦理各種戶外活動，體會大自然的樂趣，可說不謀而合。

3. 關注員工的健康

「健康是人的最大財富」。一個企業要永續的經營，照顧員工的健康也是很重要的關鍵。員工有健康的身心，才能發揮所長，為公司盡心盡力。所以員工的健康也是經營之哲關注的重點。其實，他們推動禪修、辦理各種活動也都是注重員工身心健康的一環。下列還有更具體的三項作法，也值大家作為借鏡：

① 晨間觀察：合璧的幹部每早開工前一定要觀察班隊員工的身心狀況，就像從前小學生的「晨間檢查」，並作紀錄：分為「正常」「○」、存疑「△」、異樣「╳」三種。存疑的要仔細諮詢，異樣的要送醫診察。並將紀錄表張貼於揭示板，隨時備查，馬虎不得。

② 癌症篩選與助人換腎：前章談過，經營之哲於2016年提前作八十歲生日。他只希望在生日的時候去幫助更多需要幫助的人，自己可以得到心靈上滿滿的幸福。所以他決定做兩件事：一件是要幫助兩個人換腎

▲洪和昌換腎成功後，前來表達感謝

臟；另一件是要幫助公司所有的員工做一次癌症的預防檢查。換腎的是昌傑企業顧問公司董事長洪和昌，已經開刀成功而平安歸來了。

③ 救助員工的急難：合璧從員工本人急難到員工家屬的天災人禍，無論識與不識，無論災禍大小，只要董事長知道了，他

總是這樣說：「假如她（他）是我們的家人，我們應該怎麼辦就怎麼辦？」有時更說：「我們既是一家人，就應該全力以赴！」像製造課袁英的心臟病，品管課滕燕的父親、電工師金茂伍的女兒、保安黃保仿的父親、生管課江波的母親與女兒等的車禍等等被救助的事件，實在不勝枚舉。不錯！「感謝報恩，回饋社會」可說是經營之哲一生所堅持不變的處世哲學（詳情請參看第13章〈感謝報恩〉）。

經營之哲說：「蘋果電腦創辦人賈伯斯說：『無休止的追求財富，只會讓人變得貪婪無趣。』我以為企業要永續經營雖然很不容易，但不要忘了回饋社會，有些事做了卻能驅動企業的成長。」

(三) 創造一家人的感覺

合璧上述推展「禪‧5S」、各種團體活動，以及救助員工或家屬等措施，目的之一也是在營造「家」的感覺。譬如上海廠

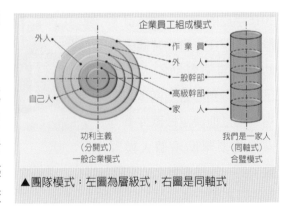

▲團隊模式：左圖為層級式，右圖是同軸式

員工有台灣籍、有大陸籍，其中又有幹部、員工、作業員之分。公司為了讓員工感受「大家是一家人」的氣氛，經營之哲到上海廠時，都和作業員一起吃飯；而工廠裡用餐、住宿也都「一家人

化」，不區分籍別與職別，和樂融融，一塊生活。都稱董事長為「詹爺爺」，感情之親密不言可知。

經營之哲說：「我們工廠不分層級、地域、人種，都是以『同軸式』一起生活不分彼此，就是要員工都有『一家人』的感覺。可以創造員工精神與心靈的幸福。」營造「家」的感覺是他成功的一大因素。

不錯！一般機關或公司的組織，都是「長幼有序，層級分明。」看上頁兩圖「層級式」與「同軸式」的比較，果然大異其趣。

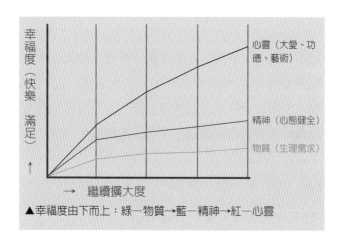

經營之哲又說：「心靈修煉是從低層級級而上：物質滿足→精神滿足→心靈滿足。」【上圖：綠線代表物質生理之滿足。藍線代表精神心腦之滿足。紅線代表心靈之滿足】可見心靈之層次最高，包括大愛、功德、宗教、藝術等，培訓員工的輕重要拿捏準確。這是培訓員工的竅門。

　　稻盛和夫認為經營人要放下盛氣凌人的身段，注重和員工接觸的每一個時間，譬如與員工一起用餐，向員工表達慰問，這種關愛最能打動員工的心，久而久之，公司就能形成和諧的氣氛。

　　不錯！經營之哲就是把整個公司營造成了一個近千人的「大家庭」，毋寧說是個「大鄉里」來得恰當。而一個大鄉里能夠這樣親愛精誠，一片和諧，真是契合了孔子所謂的「里仁」景象：

　　子曰：「里仁為美。擇不處仁，焉得知（智）？」《論語・里仁》

　　「里仁」意指村里中有仁厚的風俗。孔子的意思是說：「明智的人一定要選擇風俗仁厚的鄉里居住，否則就是不聰明人了。」

　　我們如果把鄉里改成公司或工廠。那麼，經營之哲之關心、關懷、關照員工，將合璧營造成了一個大家庭，這不正是「里仁」了嗎？工廠成里仁，工廠就是「廠仁」，應是智者的最佳抉擇。如果一些智者都蜂擁而至，公司不飛揚才怪呢！

三、關心、關懷，營造家庭、里仁的佳例

(一) 鄭板橋為官關心民瘼，名傳千古

　　一年春節，鄭板橋陪一位州官巡訪。走到南門街見一戶人家貼著如此春聯：「二三四五，六七八九」，橫批是「南北」二字。鄭板橋皺了皺眉頭，轉頭叫人回去拿幾件衣服、魚肉與一袋糧食來，敲開這家大門，只見一家老小都縮在一張床上，衣單灶冷。鄭板橋說：「這點東西給你們過年吧！」

出門州官問：「你怎麼知道他家沒有衣、糧呢？」鄭指著春聯說：「『二三四五，六七八九』不就是缺一（衣）少十（食）嗎？橫批『南北』，不就是『沒東西』嗎？」同樣是官，同樣看著春聯，縣太爺看得出真意來，但那個上級的州官卻如眼瞎。此無他，關心與不關心罷了！

▲鄭板橋自畫像

(二) 帝亞吉歐公司的體貼入微

巴拿馬商團帝亞吉歐（Diageo）是全球知名於世的飲料公司，全球有超過25,000名員工，分布在80個國家、180個營運據點。台灣分公司目前員工約140人，在台北、台中與高雄設有辦公室，每年固定提撥獲利的1%用於公益回饋。被《遠見雜誌》於2014年評選為「CSR企業社會責任獎」、「永續經營組楷模獎」。其經營特色是把公司當作一個家庭，照顧員工體貼入微，譬如大樓內設有韻律教室、羽球館，定期舉辦HAPPY-HOURS，積極鼓勵員工運動，宣洩一下壓力。每週星期五下午三點以後，公司會買一些食品，大家吃吃喝喝，迎接美好的週末。溫馨的情誼融化了彼此間的高牆，凝聚了「一家人」的氛圍，員工的流動率很低。

(三) 福特六和汽車公司的一家人氣氛

台灣的福特六和汽車在1999年台灣市場占有率從第一名掉到

第五名，年虧損超過了10億。員工人心惶惶，工會整天抗爭。公司不得不深入探究病灶，而後改弦更張，進行多項改革，譬如定期員工溝通大會、有總裁星巴克時間，又定期舉辦「跨級一對一懇談」，聽取員工的心聲。而且改革福利制度，譬如有股票選擇權與分紅制、有全薪病假，設立健身房、卡拉OK、孕婦專用停車位等，多了生活上的體貼設計。使整個公司立即洋溢著「一家人」的氛圍。第二年起，公司的業績大躍進，六年中獲利增加12倍。成為《今週刊》調查幸福企業的第三名；更榮獲「亞洲最佳雇主」及「女性夢職場」的殊榮。

　　可見公司對員工的關心、關懷，營造「一家人」的團隊，是近世企業發展的一大突破。大家能不警惕嗎？

四、總論：經營者與員工彼此交心，才是成功的保證

　　天賦人性本來就具備仁心善德，可以生發「愛人」的情懷，會給人關心關懷。但常人成長後受了環境的汙染，會失了本性。

　　因此，身為經營者首先應對人性有所體認：經營企業要從「愛護員工」起步，像《尚書》所說「若保赤子」，真心地關懷他們、疼惜他們。這樣，你才捨得布施恩惠，滿足員工

▲董事長載員工上下班

物質生活的需求，讓他們養家餬口而有餘。孔子說：「惠則足

以使人。」你布施恩惠，員工感恩載德，必爲公司作「拼命三郎」。這不就是「給恩惠就足以使人」了嗎？

譬如合璧公司上海廠有員工來台實習，有一天，董事長還親自載他上下班呢！人情之常，如果你是那個員工，你會不感恩載德而更努力爲公司拼命嗎？

如果你的公司進而又能設備各種貼心的設施，辦理各項紓解身心的活動，就更能滿足員工心靈上的需求。那麼，他們上班必能稱心快意，自然精神抖擻，效率事半功倍了。

經營之哲曾經精算過，公司對員工關心關懷，提振員工的精神，生產的速度與品質會跟著提升，可以多出4～5%的利潤。這樣「拼命三郎」的公司，供應商的支持力也會增強，客戶的尊敬度也會提高。這樣，要增加到10%以上的利潤，自然唾手可得。只是關心關懷的績效要假以時日，欲速則不達。

稻盛和夫認爲一個有發展的企業，經營者要讓員工對你緊跟不捨時，你就要與員工建立信賴關係，甚至令員工佩服與尊敬。而關愛就是贏取信賴的最好策略。而信賴就是向心的保證

不錯！關心是愛，關懷是付出；而愛是你我相互的關心和給予，這種「愛」是人人都渴求的。所以不只長輩對晚輩需要關懷，平輩對平輩、晚輩對長輩也都非常需要。所以年輕朋友不可太珍惜你的關愛，因爲你的關心和付出，溫暖了別人，也昇華了自己，可以讓公司更飛揚，使世界更美麗。

※哲人對話錄

美哲人愛默森說：「幫助他人的同時，也幫助了自己。」

經營之哲說：「關心別人好像是在付出，其實是自己得到了。因爲你同時也得到他人的肯定。」

第十三章　感謝報恩

引題：小詩輕唱

　啼夜慈烏懂孝心，竟知父母德千尋；

　哲人欲孝親毋待，轉報姨媽還願深。

見賢思齊：師法重點

　‧研究哲人仁心孝悌的心性，探討其感謝報恩的堅持
　　與影響。

　‧思考以德養領導，讓員工、廠商感動、尊敬，引動
　　企業發展。

一、感恩使人成長，報恩使人成就，都是古來美德

(一) 中國古諺：知恩圖報，善莫大焉

　　我國古來都視「報恩」是一種美德。儒家以為感恩、報恩應是人之仁心善性的自然流露。《詩經‧大雅》：「投之以桃，報之以李。」漢之崔瑗〈座右銘〉云：「施人慎勿念，受施慎勿忘。」明之朱柏廬〈治家格言〉云：「滴水之恩，當湧泉相報。」在在示人知恩圖報：他人投我以善心，我答之以美意；他人對我有深情，我報之以厚愛。這樣仁心迴環往復，善德自然在人間流動、輝揚。

　　因此，我國古來之報恩就很重視孝親。孟子說：「孝子之

至，莫大乎尊親。」也就是說孝子之尊親，莫大於報恩。《昔時賢文》說：「羊有跪乳之恩，鴉有反哺之義。」故人怎可禽獸不如！

《二十四孝》中有漢文帝「親奉湯藥」的故事。薄太后臥病三年，文帝目不交睫，衣不解帶，親奉湯藥；不是親口嚐過，不敢給母后喝。仁孝聞於天下，後世尊爲「孝文皇帝」，有「仁君以孝治天下」的美談。皇帝都可仁孝示天下，百姓豈可不知恩圖報呢？

(二) 哲人欲報母恩親不待，轉報姨媽償孝債

合璧工業公司董事長詹其力（以下簡稱經營之哲或哲人）的報恩故事尤爲特別，可以說是「前無古人」，後來者恐也不多。

在第二章〈經營者有志氣〉談過，經營之哲的生母積勞成疾，家裡沒錢作較好的醫治，他眼睜睜地看著媽媽五十六歲就撒手人寰而無能爲力。那時他即將高工畢

▲哲人生母年輕像

業，正可就業賺錢孝養的時候。但「樹欲靜而風不止，子欲養而親不待」，報恩無著，成了他一生的椎心之痛。使他後來報恩轉而施向阿姨（母親的妹妹），進而推及李家、詹家及岳家之親戚等數十人身上。這是孝心的可貴，可以轉移與擴充，甚至又無限的延展。

經營之哲原本姓李，十四歲過繼舅家，改姓詹。原李家有八

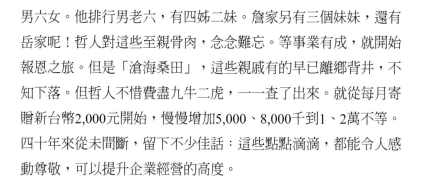

男六女。他排行男老六，有四姊二妹。詹家另有三個妹妹，還有岳家呢！哲人對這些至親骨肉，念念難忘。等事業有成，就開始報恩之旅。但是「滄海桑田」，這些親戚有的早已離鄉背井，不知下落。但哲人不惜費盡九牛二虎，一一查了出來。就從每月寄贈新台幣2,000元開始，慢慢增加5,000、8,000千到1、2萬不等。四十年來從未間斷，留下不少佳話：這些點點滴滴，都能令人感動尊敬，可以提升企業經營的高度。

二、感受哲人「感謝報恩」的細膩歷程及其影響

(一)「5,000元」的翻轉效能

1. 經營之哲又名「5,000元」

　　經營之哲的二姨早已遷居台東，從無訊息。哲人找到地址後，就寄了5,000元過去，信上寫著：「我是您阿姊的兒子。」起先老人家還是想不起來，以為是寄錯了。後來每個月都收到，遂成了鄉下人的話題。尤其郵差送來掛號時都大聲地喊著：「5,000元又來了！」因而「5,000元」遂成為哲人的代名詞。當老人家九十四歲，哲人特別去探望她，村人好奇，一窩蜂地前來爭睹「5,000元」的丰采。

　　經營之哲說：「5,000元不是很多，但卻換來村人小小的轟動，我一時變成了影片中的主角。」

　　由一窩蜂爭睹丰采，可以推知這個主角對人心的影響可不小！

2.「5,000元」帶給一家和樂

又如他的五姨，從小就給人領養，居住員林，早無來往。經營之哲打聽到後，也每月寄5,000元。後來看到哲人時，都會拉著他的手，淚汪汪地訴說

▲經營之哲念念不忘感謝報恩

道：「你那5,000元救了我一條命，讓媳婦變得很孝順。」原來老人家年紀大了，無法幫忙家務，生活費又必須伸手，媳婦有點不耐煩，冷言冷語。如今自己有錢，不僅不必伸手，還偶爾買些菜回家，一家人都很高興；媳婦看到外人都這樣孝敬，態度也作了180度的改變。從此，老人家覺得非常的幸福。

經營之哲說：「我的5,000元救了一位老人家，帶來一家和樂。5,000元多麼有價值呀！」

其實，這種價值不易估計。而無法估計的價值才是真價值。

3.「5,000元」讓堂姑安度餘年

經營之哲的一位堂姑原來當小學老師，當醫生的丈夫很早就死於南太平洋戰事，後來兩個兒子做生意又失敗跑路，她的退休金全賠光了。哲人知道後，每月也寄5,000元，超過二十年。老人家常對他說：「其力啊！你的5,000元真讓我的老命活下來了！」

經營之哲說：「起初我只是盡點心意，補償一分對母親的孝心，哪裡知道竟能讓一位老人安度餘年。」

不錯！「愛」可擴大，「善」可延展。我們不經意的施捨，對他人常是莫大的恩惠。這種恩惠往往可以擴大延展其影響。

(二) 「感謝報恩」的美德可以繼續延展

1. 念母情深，對特別照顧母親的四嫂感恩有加

　　經營之哲的母親臥病三年，當時他尚在高工，無能為力。好在其四嫂放棄在台中的好工作，回來花壇經營藥局，就近照顧婆婆。後來四哥五十八歲早逝，母子事業又失敗，家園被法拍。從此母子陷於困境。當時經營之哲事業正在起飛，立即施予救助，從此以後長期支援。

▲老來與四嫂相見情更深

　　他四嫂的女兒為文感性地說：「母親每個月在六叔的照顧幫助下，我們子女減輕了不少負擔。但六叔卻以為這是他回報母親當年照顧祖父母的那份情感。但我卻不斷在如何『捨』而又『得』作思考。這是我在感謝、感動之餘努力的省思……如今從『企業禪師』與『禪的5S』，我終於了解了些許，『禪』是蘊含在每個人內心深處的『圓滿智慧』，本來人人俱足，但須透過無為的淬鍊，才見開發。我真佩服六叔背著宗教家的情懷，建構了藝術企業，讓員工有了共生共榮的體會。……生命雖如電光火石般的短暫。但生命內涵的光彩、人生功課的圓滿，是六叔所認知的生命真諦吧！」這出於國文老師的咀嚼，深入淺出，感激之情，溢於筆端；而對哲人尊敬之心，更露於言表，格外動人。

　　經營之哲說：「四嫂對婆婆的孝心與盡心，讓我終身難忘！」

　　其實，必須是「有心」人，才能對別人的「有心」有所感動。

2. 鉅款相助購屋，屋倒又供房免費寄住

　　經營之哲的台中之妻弟媳，早期當護士，後來當專業褓姆幫人帶小孩。初次購屋時，哲人資助了50萬元，約占總價的1/3。但「屋漏偏逢連夜雨，人窮卻遇大地動」，九二一大地震新屋全毀了，又成了無殼蝸牛。這時經營之哲二話不說，將台中的房子給她們全家住，一住就是十來年。不僅不收房租，連房屋稅都代繳了。

▲台中的妻弟媳與女兒遊上海

　　這位妻弟媳為文說：「50萬是一筆不小的數目，我想除了您，再也沒有人會幫我這麼多的金額。其實背後寄託更多的精神上鼓舞……九二一房子倒塌了，總在最無助的時候，您又不聲不響地站出來了……每想到這一幕又一幕的情景，我的眼眶總會情不自禁地濕潤了。」字字出自心底，聲聲都流自肺腑。經營之哲卻說：「這並沒有什麼！一般人看到一再受災受難的人，誰不生憐憫之心呢？」

　　不錯！孟子說：「惻隱之心，人皆有之。」不過人情之常，憐憫是一回事；而樂意一再伸出援手，又是另一回事。

3. 萬物皆漲，兒子的孝心怎不漲？

　　經營之哲的三姊從小就給祖母的娘家認養，失去聯絡。後來家道沒落，生活困窘。哲人花了很多的工夫才聯絡上，知道狀況後，開始每月寄給1萬元，連續寄了好多年，連郵差都看不過去，向老人家說：「你兒子從古早寄1萬，但物價都已經翻了好幾倍了。應該叫他多寄一些啊！」

▲老來和三姊相見格外珍惜

　　大有責備：「兒子的孝心為什麼不漲呢」。老人家才說：「這是我弟弟寄來的呀！」哲人聽說後，改寄2萬多，讓她老人家可以僱外勞。由此可看出，兒子匯錢給父母是常態，是理所當然。但兄弟姊妹的相互支持卻成了人間的珍品了！

　　在那同時，經營之哲還要他三姊的女兒楊小姐到公司上班，成為合璧公司登陸設廠台灣籍員工的第一人。現在已經升任特助經理職務。她說親眼看過很多員工和很多員工的家屬遭受大病，董事長總是關心關照，出錢出力，全力救助，讓她非常感動。後來連自己的先生也是被救助者之一，她更是感恩，時常想著該怎麼回報呢？原來以為只有更賣力是唯一報恩之路！

　　正巧，2010年她得知大陸之外資企業申辦成為「高新技術企業」的政策可能停辦，立即向副總報備，爭取最後機會；接著積極籌備，申請主管評審團到廠評審。當天她準備了《合璧流》特刊、投影片簡報，並引領參觀廠區。評審員看了直呼從來沒見

過這麼有特色的企業。評審結果當然是順利過關，使合璧就成為「高新技術」企業了，每年只須繳付15%的企業所得稅，可說是一大貢獻。其實，這才是「最有價值」的報恩呀！

▲哲人與三姊女兒楊小姐合影

經營之哲說：「我一向以為『感謝報恩』要出於真心誠意，不能隨便虛應故事。所以無論再遠、再難、再渺茫難尋，也要盡力去找出來。」這裡頭這個「真心誠意」的前提，才是關鍵。

不錯，新台幣「5,000元」在大企業家來說是不算什麼，但能長年累月不斷，又是救助那麼多人，就非常難能可貴了。這不只令親友感激，鄰里感動，而且有可能會像漫漫長流一般，一波一波地延伸、擴展，久而久之，對企業經營的影響，應是無形的電流呀！

(三) 招待親友大陸行，凝聚親友感情

人情之常，親情會因疏遠而日漸淡薄，甚至成為陌路。經營之哲有鑑於此，因而設想了一項「親友會聚」的大活動，大夥兒來一次大陸之行。

他約於2012年3、4月，逐一打電話，邀聚了台灣的親友20餘人，組成「上海合璧公司台灣親友見學旅遊團」，首先到上海參觀合璧廠，哲人親自導覽解說，大家看到這樣一家「台灣難見、大陸少見」的公司，親友們無不感動；第二天清早參加合璧員工

在一片迷濛裡成群的路跑活動，更感驚奇。

▲哲人與台灣親友見學旅遊團的合照

經營之哲二哥的女兒爲文說：「進入合璧電子公司，首先映入眼裡的是有如宮殿式花園的工廠區，整齊清潔、一塵不染。經過六叔的解說，我了解了六叔的經營理念、價值觀與處世哲學是多麼偉大、謙虛與卓越。工廠即是公園、即是學校、即是家庭，導引員工自動自發、惜福惜緣、愛護環境、時時行善、利己利人，並且將員工以家人視之，

▲哲人二哥的女兒

融入了家庭與責任，以「關心、關懷、關照」的實際行動協助員工，難怪大部分的員工早晨四點半即主動參與四公里慢跑、晨操、合唱，而後回廠灑掃內外；也難怪他們都願意爲合璧這個大家庭努力打拼、奮鬥與奉獻。」寫來句句肺腑，淪肌浹髓。假如不是親自深受感動，何能至此呢？

經營之哲說：「家族分枝散葉，勞燕分飛，雖是人事之常；但血緣一脈，我們不能視若無睹。今天我有能力，能裝糊塗嗎？」

不錯！親情血濃於水，飲水都必須思源；身上流著的血脈，何可不顧呢？不過有血性才對親情有感；否則，誰願意犧牲呢！

其實，凝聚血脈於一氣，有助於家族的「愼終追遠」，也是一種孝道。

三、「報恩」擴及親屬，符合孔子推移孝道之精神

父母之恩山高水長，欲報之德昊天罔極，乃國人之共識。一般人父母過逝，即使有風木哀思，大概也只在心中默默自苦而已。

經營之哲卻特立獨行，將對母親的孺慕與報恩之情，轉而推至母親相關之親人身上。經營之哲這種報恩，就是孝道的推移與延伸。這種孝心的推移，正是符合孔門的孝道精神：

子曰：「君子篤（敦厚）於親，則民興於仁；故舊不遺，則民不偷（澆薄）。」《論語·泰伯》

▲孔門師生講學、問學之想像圖

孔子是說：「居上位者能厚待親人，那麼民間也會興起仁愛的風氣；居上位者不遺棄父老舊友，那麼民風也會敦厚而不澆薄了。」

這是說居上位者的孝親敬長，能夠引領百姓效法，創造仁愛的良好風尚，影響了整個社會風氣。極言居上位者應作好風範。

有子曰：「其爲人也孝弟（同「悌」），而好犯上者鮮矣；不好犯上而好作亂者，未之有也。君子務本，本立而道生。孝弟也者，其爲仁（行仁）之本與（歟）！」《論語·學而》

有子是孔子的弟子。有人以爲《論語》或許是有子、曾子的弟子或再傳弟子所編，因而稱老師爲「子」。

　　這裡，有子是說：「能孝順父母、恭順兄長的人，是很少喜歡冒犯長上的；不喜好冒犯長上，是沒有人喜歡犯法叛逆的」。所以君子會致力於根本工夫，根本建立了，仁道就由此產生。故推論「孝悌」應是行仁的根本。

　　這兩章都強調孝順、友悌的美德。可以建立做人的基礎，進而行仁行義。也就是強調孝道可以推移，轉化爲社會的正能量。所以古人說「移孝作忠」，道理在此。

　　由此可見經營之哲把對母親的報恩轉移施向阿姨及相關親人身上，正合《論語》的「孝道」之轉化、擴展的思維。

四、古來「感謝報恩」之佳例

(一) 購置義田養活族人的范仲淹

　　提到我國感恩的故事，談人物，當然要數宋名臣范仲淹了。他官爵顯赫後，爲報答親恩，購置「義田」，贍養族人，聲譽崇隆，成爲當代清流領袖。使當時文人都崇尚氣節，世譽「天下第一流人物」。

▲范仲淹畫像

　　經營之哲的報恩延展到母親相關人的身上，可以與范仲淹前後媲美。

(二) 報恩最膾炙人口的詩文〈慈烏夜啼〉

談報恩詩文，最家喻戶曉的要數白居易之〈慈烏夜啼〉，這是勸孝、勉人報恩的古詩，淺白易懂：

> 慈烏失其母，啞啞吐哀音，晝夜不飛去，經年守故林。
> 夜夜夜半啼，聞者為沾襟，聲中如告訴，未盡反哺心。
> 百鳥豈無母？爾獨哀怨深，應是母慈重，使爾悲不任！
> 昔有吳起者，母歿喪不臨，
> 嗟哉斯徒輩，其心不如禽。
> 慈烏復慈烏，鳥中之曾參！

▲白居易畫像

詩中是說：「慈烏失去了牠的母親，哀傷的啞啞地啼叫著，整天都不肯飛走，終年苦守著過去和母親所棲息的樹林。

每晚都在半夜裡啼叫著，聽見的人都為牠淚濕衣襟；啼聲中好像告訴人們，牠還沒盡到反哺的孝心。

難道其他的鳥類都沒有母親嗎？為什麼只有你的哀傷怨恨得特別地深？應該是你的母親太慈愛了，所以才使你悲傷得受不了！

從前有一位叫吳起的人，母親去世了，竟然不回去奔喪。

可嘆阿！像這一類不孝的人，他的心地還比不上鳥禽呀！

慈烏啊！慈烏！你是鳥類中最有孝心的，就好比人類的曾參！」

全詩是借著慈烏的夜啼，來曉示母愛的偉大，暗喻她給予子女的恩惠，無論如何也報答不了的。並藉歌頌慈烏的孝心，反面斥責不孝的人，可說是一篇教孝最美麗的詩歌。

(三) 建立奇美石化王國的許文龍之感謝報恩

台灣昔日世界數一數二的石化業龍頭許文龍，一手創建的奇美王國，在短短二十年間超越美國，勝過日本，席捲全球ABS的半壁江山，他的決勝點在「觀念」。他經營企業完全超越慣性思考，突破傳統作法，不靠政府保護，不運用政商關係。完全用技術、用經營哲理與理念，自求成長茁壯，打敗對手。這在目前公義不彰、黑金、黑道盛行的世道中，獨樹一幟，成為正派經營的最後標竿。

據說，有一年奇美公司有超乎意外的盈餘，董事長以為這應是上游廠商「讓利」太多所致，所以主動地拿出超乎預算的盈餘比率，回饋給上游的廠商，感謝他們的支持。這種「主動回饋」才是最真實的「感謝報恩」，最為難能可貴！

五、總結：感謝報恩可令人感動，無形中令企業成長

這些佳例啟示我們：企業經營必須本著「利可共享」的理念，才是王道。尤其照顧親族、員工、企業夥伴，是企業家的一項胸襟、感恩與使命感，在在都是企業家應該具備的修為與雅量！

法國大教育家盧梭說：「沒有感恩，就沒有真正的美德。」

西諺也說：「眞善美的花，開在感激的土壤中。」

不錯！懂得感恩、報恩，一定是保有仁心、善性的人，一定行仁由義，人人欽佩，處處受人歡迎。這樣，才能成就成功的人生。

一般而言，能心存感謝，才能懇切謙恭，誠摯待人；能心存雅量，才能虛心求進，容納百川；能心存感恩，才能體會人人爲我，感受幸福的滋味。進而又能感德報恩。這樣，必能激勵善德流行，促成社會的良善風俗，德莫大焉。

「施比受更有福。」能感德報恩一方面表示自己有進步、有能力了；一方面「知恩圖報」是一種美德，報恩者可以得到心靈的快樂。這時的報恩已經不是付出，而是一種收穫，更是一種成長。

經營之哲說：「感恩能使我們成長，報恩能令我們成就。」

所以我們既生而「爲人」，就要事事學會感恩、報恩：感激一切造就了我的人、物；甚至感恩傷害我的人、物，因爲他、它磨練了我的堅忍；感恩絆倒我的人、物，因爲他、它強化了我的雙腿；尤其要感恩失敗，因爲它使我成爲有經驗、有故事的人。

身爲事業主更要感恩員工的血汗，感恩協力商、客戶的照顧，感恩社區的和睦相處，感恩社會的安定，感恩政府的支持……。

員工也要感恩公司的存在，使自己的生活有保障；感恩公司有發展，使自己的待遇有提升的機會。這樣勞資雙利，和諧打拼，才能共創雙贏，這是企業的最佳戰略。

※哲人對話錄

稻盛和夫常說：「活著就要感謝。」他認為說「謝謝」這句話，不僅讓自己愉快，還會帶給周遭的人好影響，善意如果循環下去，社會就會變得越來越美好。

▲哲人說稻盛是聖人般的宗教家

經營之哲說：「以『感恩』的心經營企業，會感動員工，提高心性，他們會更打拼，業績可以增加5%。只可惜一般人常在意自己的付出，卻不懂得感謝別人的付出。」

第十四章　懷師敬友

引題：小詩輕唱

　　重道尊師近世稀，敬朋企業更稀奇；

　　立碑植樹人文化，合璧經營好範儀。

見賢思齊：師法重點

　　‧研究哲人尊師敬友的因緣，探討其動機、作法及其

　　　影響。

　　‧思考以敬愛感人的妙策，引領經營的動力與發展的

　　　高度。

一、尊師是古來文化，根深柢固，足以感動人心生發力量

　　我國早在《荀子‧禮論》就提出「天地君親師」為人間五尊，把老師的地位與「天地君親」並列，相當尊崇。後世民間也常把「五尊」牌位供奉於中堂。「尊師重道」遂成為我國的傳統觀念。

　　《荀子‧大略》說：「國將興，必貴師而重傳，則法度存。」

　　荀子是說國家要興盛，一定要尊師重道，國脈才能生存。韓愈更具體地說：「師者所以傳道、授業、解惑也。」點出「傳道」是人師最重要的使命，人師的地位由此定格。

只是近世西風東漸，我們的教育逐漸歐美化，教師的角色日漸卸裝解甲，淪為商品，地位一落千丈，非常悲哀。尤其今日台灣，教師幾乎喪失了應有的管教權能，成為純然照本宣科的工具，造成今日社會之亂象，此誠非一、二日之寒也。

　　話雖這樣說，但仁心善性未泯的人還是大有人在，「一日為師，終身為父」的觀念仍深植很多人的心中。「尊師重道」還是會令人感動，甚至刮目相待。合璧工業公司董事長詹其力（簡稱經營之哲或哲人）就是今日「尊師重道」的典範。

二、哲人尊師重道：招待、立碑、種樹，誠心令人側目

(一) 恩師、母校校長皆立碑、招待旅遊

1. 立碑紀念

　　第三章〈經營者有志氣〉談過，經營之哲因為小學畢業即過繼給母舅做養子，受過虐待，心中一直以為初、高工六年的學校生活，最讓他感到快樂與幸福，讓他永生難忘。或許在家得不到的溫暖，從學校老師的愛心、關注中，得到了補償。

　　因此，經營之哲等企業有成後，為了感謝報恩，時常邀請母校的師長到大陸旅遊，也到上海合璧公司參訪，包括國民小學和彰工的老師，以及歷任的校長。並為他們在公司廠區立碑、植樹，永為紀

▲哲人國小老師劉錦鑄賢伉儷

念。如此「尊師重道」的特立獨行，恐怕是「天下唯此一家，別無分號」了，所以我常戲稱他是「天下第一尊師」。

　　其中最值得一提的是他的國民小學老師劉錦鑄和李家淵源很深：他是哲人祖父的忘年之交，是哲人大姊的同學，是哲人大哥的花壇國小之同事。他對哲人的印象是：「頭腦非常靈活，腳踏實地，刻苦耐勞，應該屬於大器晚成型的。他今天有這樣的成就，應該歸功於他比別人更努力、更有毅力，同時還有一個非常寬大的心胸，也是最尊師重道的一位學生。」劉老師平淡地談來，語氣平和，應該沒有偏愛之嫌。

　　筆者日前到上海合璧公司參訪，乍見一片如錦似繡的廠區公園，在一簇蒼林翠草之間，矗立著一小座一小座的石碑，碑上刻鏤著詩詞、聯語佳句，署著不同的姓名。我仔細一看，原來都是哲人昔日的老師與彰工歷任還健在的校長。我又仔細查點，園中共立了13座石碑，都是黑心石所雕，綠漾烏金，點綴其間，煥發著「人文」的無限之美。其中4座「恩師碑」，5座是彰工「校長碑」，2座「友人碑」，其他是「慈恩碑」和2座「哲學理念碑」。整個園區洋溢了「孝親敬友」、「尊師重道」的氛圍，令人嘆為觀止：

　　「恩師碑」：花壇國小老師李錦上2座、劉錦鑄1座、彰工老師陳進興1座。

▲恩師李錦上碑

　　李錦上都是用日文寫的，碑云：

　　　父慈子孝　三代同堂　年年有余

　　　其の力雪をおこして　陽光微笑む

　　另一座石碑，碑云：

人に云　つつじ燃え咲く　小徑かな

青柳のなずる水面に　月浮かべ

远き古里　族ら偲ぶ

第二位是花壇國小老師劉錦鑄，碑云：

感恩惜福，廣結善緣

第三位是哲人彰工的恩師陳進興，碑云：

精益求精

▲恩師劉錦鑄碑

「校長碑」：第一位是彰工第五任校長鍾

瑞國，碑云：

展布日新

第二位是彰工第六任校長劉豐旗，碑云：

其智超優志氣昂，力營合璧品精良

學經得展華洋溢，長上親朋齊讚揚

▲校長鍾瑞國碑

第三位是彰工第七任校長黃榮文，碑云：

感恩惜福

第四位是彰工第四任校長胡正華，碑云：

領航禪師，深潛其力

第五位是第八任校長蕭瑛星，碑云：

合營事業順隆昌，璧利民生裕富邦

電品精良揚國際，子優技術績輝煌

▲校長胡正華碑

這些經典的石碑立於園區，燦爛輝煌。至

於第六任校長劉豐旗、第七任黃榮文，與陳進

興老師的石碑當暫時留作「甕底好酒」。

▲校長蕭瑛星碑

2. 招待旅遊，重覽碑林抒觀感

彰工校友會2007年理事長洪和昌表示：

他接任校友會長後，著意發揚彰工人的才華，加強「經理人聯誼會」的功能，培養更多的CEO人才，設立「彰工文教基金會」獎助學金，獎助弱勢學子。並於2008年率領彰工校友會暨歷任校長、恩師作

▲彰工師長參訪上海合璧合影（哲人站二排右）

上海壯遊，參訪校友合璧公司與黃火煌的迪斯油壓公司，且暢遊黃山、徽州與杭州。

從此而後，彰工校友會每隔幾年就會舉辦這種參訪的交流活動，每次都會到上海的合璧工業公司參訪，哲人都是盛大歡迎，並親自作一場演說，也親自導覽，引領參觀廠區。大家無不驚嘆為企業的「洞天福地」。當然公司也一定招待一頓上海豐盛的晚宴。不過，大家最感興趣的還是廠區的公園和那「靜思小徑」旁他們所立的紀念石碑，一起合照、一起笑談當年的點點滴滴。如今出了一位企業鉅子，笑傲當年杏壇；更驕傲的是自己的碑文可以傳留千年，為彰工人的榮耀作見證。

第五任校長鍾瑞國博士說：「上海合璧的企業競爭力，除了品質世界第一的產業技術外，最重要的是高素質的人才資本！

從公司內外環境的用心安排，我們深切看到工廠公園化、藝術化，以及人文化的落實。詹學長將此理念融入員工日常生活與工作中，不斷陶冶員工氣質、強化其使命感，以提

▲哲人（左）與彰工校長們和沉思者合照

升其品德；將他的處世哲學、價值觀與理念，隨時隨地透過工作環境的布置與管理，達到高品質的工作環境。今天何其有幸，見證了校友的成功立業之典範，也見證了彰工人『誠正專精』的精神。」見解深刻，評論中肯，最見真章。

(二) 尊師立碑正所以發揚孔門「尊師重道」的精神

我們深究經營之哲如此「尊師重道」，或許一方面是天性使然，一方面應該還有「教化員工」的深意在。因為「尊師」就是「重道」，「重道」就應好好做人，認真做事，成為堂堂正正的人物。員工看了董事長的以身作則，怎不感動而群起效法呢？

試想：員工也尊師而勤學，知能可以不斷成長，技術自然提升，那麼公司的業績自然「水漲船高」了。其實這也正是圓了他的經營理念「感謝報恩」之一環，可以提升公司的形象，促進公司的發展。這與孔門的「教育觀」非常相近：

〈學記〉說：「凡為學之道，嚴師為難；師嚴，然後道尊；道尊，然後民知敬學。」《禮記・學記》

〈學記〉是《禮記》的第18篇，相傳是孔子的再傳弟子所

作。有人則認為是出自孟子嫡系弟子之手。但無論如何，《禮記》是儒家的重要著作，〈學記〉是孔門的師承，則無爭論。

句中的「嚴」就是「尊」，「敬學」是專心向學。對一般人而言，「敬學」是不容易的。所以，「教師受到尊重，他傳授的大道才會受到重視；大道受到重視，百姓才知專心向學。啟示居位者應該提倡「尊師重道」，造成風氣，國民的教育才能產生效果。

▲哲人與鍾瑞國校長碑合照

經營之哲說：「一個企業就像一個小政府。經營者率身尊師重道，可以感動員工，也會勉勵員工尊師重道。」

試問：「一個企業家這樣尊師，員工也這樣重道，客戶看了不會感動嗎？」由感動而尊敬，由尊敬而信任。你說，他還會無情地殺價嗎？還會去找第二家嗎？

稻盛和夫在書中曾經強調「公司只要獲得客戶的尊敬，那麼在面臨與對手競爭品質或價格的高低時，就可以超脫這些競爭，優先採購我們的東西。」不錯！這是高人一等之策略。

三、尊師推而敬友，敬友如尊師，誰不驚訝

我國儒家倫常講究「五倫」，即父子有親，君臣有義，兄弟有序，夫婦有別，朋友有信。」並沒有「師生之倫」。因為古人

主張「學無常師」，很多「師生」關係的界限不清，常是「亦師亦友」，「互切互磋」，所以認為「師友同倫」。

近世哲人唐君毅在〈與青年談中國文化〉說：「中國古所謂朋友一倫，即包括師生朋友之關係，重在道德事業相勉。」

台北學者曾昭旭在〈儒家倫理的現代詮釋〉說：「師友之間提攜互勉，相期於道，可說是文化命脈。」

因此，在進德修業上，尊師則是「一日為師，終身為父」；在互切互磋上則是「亦師亦友」。師生在這樣「彼此尊重，互相問難」中，使道德、學問不斷地攀升前進，所以說這是文化命脈。

(一) 為友人立碑種樹

最難得的是經營之哲既尊師又敬友，待友如師，更是一大佳話。

譬如：台北昌傑企業顧問公司董事長洪和昌，和經營之哲同是彰工的校友，兩人因「氣味相合，義氣相投」，遂成為既是顧問、亦是好友。哲人最先為他立碑。碑云：

▲昌傑董事長洪和昌碑

　　人生是舞台　　生活即修行
　　活著做什麼　　離開留什麼
　　繁華聲色盡　　依舊空無回
　　亙古精神在　　天地永常存

洪和昌董事長又稱他為「企業禪師」，碑文更深涵人生意

義的啓示，誠然是肝膽之交，肺腑之言。

經營之哲的第二位友人是台灣大學企管教授陳定國博士。陳博士讚

▲陳定國博士（前排中）立碑後與大家合影

譽合璧公司爲「三良企業」，稱譽董事長是「三良企業將帥」。「三良」指良知、良能、良心。可見讚譽之美，評價之高，因而成爲第二位立碑的友人。碑云：

智慧、功德、成就

這裡碑文以六字概括經營

▲哲人與筆者揭碑後合影

之哲的一生成就，言簡意賅，完美無缺，可以說是「一字勝萬言」，實是一絶。

筆者於2015年8月有幸到上海參訪見學，承蒙經營之哲聘爲「儒學顧問」，蹇馬柴車，受寵若驚。又要爲我立碑認樹，尤感榮幸。今後當竭盡駑鈍，發揚經營之哲之處世哲學與合璧之經營理念，冀望能夠對兩岸三地、甚至中外的中小企業之企業文化，能有一二之助也。

因而行前謹以「其力」冠首，撰一對聯云：

其推仁德業

力濟佛緣人

接著筆者不自量力再以冠「其力合璧」四字，撰絕句一首「藏頭詩」，以表區區之誠也。詩云（圖見第1章）：

▲筆者認養一棵樹留念

其匡世道推仁業，力挽人心廣聖禪；

合協勞資欣兩利，璧輝宇國潤千田。

經營之哲尊愛朋友，朋友則以詩、聯、錦語相勉相勵，情誼與敬愛之情溢於言表。正契合曾子之言：

曾子曰：「君子以文會友，以友輔仁。」《顏淵・二四》

曾參以為：「君子用講論文章來結交朋友，用朋友來切磋研討，以培養仁德。」是的，好友相處，應該以知識彼此激發，以仁義相勉相勵，而規過相勸，彼此提攜，相互策勵，期以共進於學問道德的殿堂。這是復聖曾子給我們的啟示。

經營之哲把這些紀念碑、樹牌立於大道之旁，員工日夜路過，耳濡目染，自然興起「師法」之幽情：「董事長敬師尊友，員工則尊老闆而敬幹部」，好倫理自然會循環下去。

經營之哲說：「多親近高人，或許高人變貴人，受到好影響。」其實，經營之哲這樣尊師敬友，就是把師友當作高人、貴人。

(二) 朋友有難，肝膽相照，鉅款相挺，誰不瞠目

自古國人就很重視生日。很多富貴人家的生日，一定大開宴席，隆重慶賀。尤其大官們更可大收賀禮、紅包，大賺一筆。

　　經營之哲於2016年提前作八十歲生日。古人謂「人生七十古來稀」，八十算是耄耋高齡，一般大企業的董事長也會大大慶賀一番。但經營之哲不做生日，只希望在生日時做一些有意義的事情，去幫助更多需要幫助的人。這樣，心靈才會感到滿滿的幸福。

　　所以他希望生日能做兩件小事：一件是要幫助兩個人換腎臟，另一件是要幫助公司所有的員工，做一次癌症的預防檢查。

　　天啊！這那裡是小事！換腎，台灣要5、60萬新台幣，而且要排隊等上一、二十年；說不定還等不到那時候呢！到大陸換腎，時間較短，但掮客要價新台幣200多萬。而合璧員工八百多人，做一次檢查也要超過百萬，何況篩檢出來的，還要治療呢！

▲換腎成功的洪董

　　經營之哲要替兩人換腎，其一是他的好友、也就是昌傑顧問公司董事長洪和昌，第二位是他的外甥女魏穗如。洪和昌在經營之哲230萬新台幣的支援下，已於2015年11月底赴大陸武昌換腎成功，年底安全回台，目前康復而生龍活虎了。洪和昌對哲人的資助，感激涕零，一再說：「我不知怎麼回報呢？」誠然，230萬不是小數目，即使兄弟有錢，也不一定拿得出來，何況只是企業的朋友呢！在今天世風澆薄、視錢如命的時代，這種義氣更是難能可貴！

　　其實，在《禮記》、《論語》中，也可以見到孔子對朋友有

這樣有情有義的胸懷：

　　賓客至，無所館。夫子曰：「生，於我乎館；死，於我乎殯。」《禮記・檀弓上》

　　這句是說，朋友來此，沒有地方居住。孔子說：「朋友活的時候可以在我這兒居住；死了可以在我這兒殯殮。」這裡孔子表達了很廣博深厚的同情心。經營之哲也是這樣真誠待友。

　　再如：經營之哲聘一位翻譯日文的教授，剛開始是一字要多少錢，斤斤計較得很清楚。等年終經營之哲發給他紅包，他說：「你都給我稿費了。」經營之哲說：「這紅包是給朋友的。」他非常感動，從此不會再計較了。

　　不錯！「真誠」足以動人！經營之哲過年，像送報紙的、大樓門房、早晨到公園運動路過的大樓之掃地婦女，都會給紅包。他相信他們感動之餘，未來工作會更認真。

　　其實，陳定國博士和筆者都是洪和昌董事長的老師，都是洪董特地介紹給經營之哲的友人。陳博士已經為合璧公司勾勒很多經營方向，筆者也正在努力形塑哲人的「經營之哲」的形象。你說：「感謝報恩」、「尊師敬友」不是可以為企業創造很高的價值嗎？

四、古來尊師敬友的典範，其成功的因緣值得深思

　　如前所言，「尊師重道」是我國的傳統美德。有良知者都會遵守傳統，愛好美德，所以往往成為成功的人物。

　　試看：孔子死，弟子都築廬守墓三年，而子貢又獨守三年，

在弟子中應算最為尊師。後來據《史記·仲尼弟子列傳》說：「子貢一出，存魯，亂齊、破吳，強晉而霸越。」所以論事功的成就，於弟子中，子貢最高。

▲劉邦畫像

再看，劉邦早年與項羽爭天下，兵力不及項王。但因他能放下傲慢的身段，禮待酈食其，酈才為他獻策，先取陳留，使軍糧兵員大增，奠下勝利的基礎。

再看，東漢明帝特別尊師，即位後都是先行師生之禮，再行君臣之禮，為後世所稱頌。

後來成就了「明、章之治」，成為東漢史上吏治清明、經濟蓬勃、社會安定的盛世。

▲唐太宗圖像

唐太宗也非常尊師敬友，他曾訓誡皇子們要「見師如見父」；他把大臣魏徵當作「人鏡」。有一次他正在把玩心愛的小鳥，聽到魏徵晉見，趕快將小鳥藏於袖子裡。等魏徵告退後，小鳥已經悶死了。他敬重大臣如此，所以有顯赫的「貞觀之治」，實不足為怪。

▲漢光武帝畫像

創建東漢的光武帝劉秀，他登基後，仍不忘年輕時一起同席讀書的好友嚴光，把他從隱居的富春江畔找了出來，與他同床共衾。

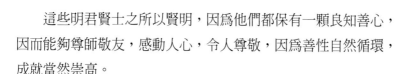

　　這些明君賢士之所以賢明，因為他們都保有一顆良知善心，因而能夠尊師敬友，感動人心，令人尊敬，因為善性自然循環，成就當然崇高。

　　居里夫人說：「不管一個人有多麼值得驕傲的成績，都應該飲水思源，記住是自己的老師，為他們的成長播下了最初的種子。」

　　稻盛和夫認為，只要公司受到客戶的尊敬，客戶就不會再殺價了。

　　經營之哲因為能尊師敬友，員工向心，工作努力，客戶更尊敬，信譽卓著。善性擴大循環，因而合璧年年賺錢。

五、總結：尊師重道可以引領風氣，是企業、治國的大竅門

　　尊師是「仁心」自然顯現之美，愛友代表「人性」之未泯。一個人能如此，那麼他就無往而不善，而他的事業也會無往而不成功。因而學生尊師敬友，必然勤學好問，學業進步；企業家尊師敬友，必然愛顧員工，講求信譽，事業平步青雲；員工尊師敬友，必然工作勤奮，熱愛公司，步步高升。所以沒有人可以不尊師敬友的理由，除非有老師不值得一尊，有朋友不值得一敬。合璧企業的成功，「報答親恩」、「尊師敬友」應是隱藏成功的大力道之一。

　　試想：企業主待友如此愛敬，員工一定呼朋引伴，蜂擁而至。客戶也一定口耳相傳，或可門庭若市。這才是最好的行銷策

略！

　　因而不僅學生應該尊師，政府官員、企業領袖，更應尊師重道，帶動百姓，引領社會風氣，這也是企業、治國的竅門之一。

※哲人對話錄

　　子曰：「禮，敬而已矣！故敬其父則子悅，敬其君則臣悅，敬一人而千萬人悅。所敬者寡而悅者眾，此之謂要道。」《孝經·廣要道章》

▲哲人與陳進興老師碑合照

　　這是說：「禮」只是尊敬罷了！尊敬的人少而高興的人多。這就叫遵禮行事簡要的方法。也是「以小搏大」的道理。

　　經營之哲說：「企業經營，尊師敬友則員工感動，客戶敬重；尊敬的人少，感動的人多，信用度就大，助力跟著變大。」

第十五章　關照濟助

引題：小詩輕唱

　　救人勝造七浮屠，濟弱施貧德澤殊；

　　企業共襄扶急難，安平社會百行蘇。

見賢思齊：師法重點

　　・了解哲人關照濟助的功德，探討其細膩的思維、手

　　　法及影響。

　　・開展關照員工、回饋社會的胸懷，建立內、外口碑

　　　的廣度。

一、關照、助人是「生而為人」不可旁貸的使命

　　法國小說家羅曼・羅蘭說：「一個豐富的天性，若不拿自己來餵養饑腸轆轆的別人，自己也就要枯萎了。」因為助人是人心善性的發揚：如不能長期地發揮，久而久之心靈是會死寂的。

　　這是保有全心全善之人的呼籲，也只有保有全心全善的人才會真心去關照別人，而以助人為樂。

　　可惜國人此「君」古來稀。相反的，冷漠、自私，卻是處處浪潮洶湧！

　　君不見《初刻拍案驚奇》說：「這世上只有錦上添花，哪有雪中送炭？」道盡了國人古來趨炎附勢的炎涼心態。

　　君不見《警世通言》說：「各人自掃門前雪，莫管他人瓦上

霜。」更見國人古來自私、冷漠的嘴臉。

　　殊不知：「關懷如花朵，芬芳而宜人；助人像冬陽，及時而溫暖。」羅曼‧羅蘭有那樣崇高的胸懷，五千年的古國怎可瞠乎其後？

　　孫中山先生說：「物種以競爭為原則，人類以互助為原則。」不錯！你我的成長都是得過許許多多的人之幫助與關懷；長大後我們也應該一樣去關心幫助許許多多的人：這樣彼此互助關懷，代代往復，循環不已，才能構成一個「活力社會」的國度，長遠永續。不然，像路旁一小窟窿的死水，它可能存在多久？

　　所以關照、助人是「生而為人」不可推託的職責與義務！

二、合璧關照員工的急難，濟助廣及員工的家屬

▲哲人關愛辦公室的情婦

　　合璧工業公司董事長詹其力（簡稱經營之哲或哲人）一生好善樂施，就如第6章〈經營者經營有理念〉所介紹：公司每年拿出利潤25%作員工福利，拿出5%作救濟、協助、回饋社會。依目前的營運盈餘看，公司每年可提供約200萬人民幣從事救濟回饋工作。根據公司的記錄，2014年度救濟人數每月約40人，最久已經救助了二十九年。四十多年來金額超過3,000萬人民幣。這個金額對一家

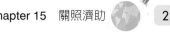

中小企業來說，誠然是非同小可。

　　經營之哲說：「助人可以得到心靈的快樂。就像自己用『愛心』做出來的每一道菜，都會令人回味無窮。」

　　但心靈的快樂何止「繞梁三日而不絕」？就如同我們關愛兒女、愛人一般，可以長久貼心地陪伴著，長長久久，滋味無限！

(一) 對員工急難的救助

　　經營之哲說：「員工家裡只要有重大的困難，我一分鐘就會決定如何幫忙。」

　　那麼合璧公司如何開展這種亮點呢？最出人意外的，只是因為他們推展「我們都是一家人」策略的成功。在這個大家庭從上到下，確確實實彼此付出了關心、關懷、關照，帶來了同心、同步、同調。尤其公司對員工急難的傾心救助，更深深感動了所有員工，激發了無窮的向心力。「救助一人可以感動百千人」，這是凝結團隊精神的最佳發酵劑。不信，請看看下列幾件活生生的實例吧！

1. 救助司機羅文的脊椎腫瘤手術

　　羅文只是合璧公司的一位司機，因脊椎腫瘤嚴重，手術難度相當高。開刀費用要十幾萬人民幣，對於一個成家不久，還沒積蓄的年輕人來說，哪有可能負擔得起！

　　但董事長說：「我們是一家人，家人有急難，我們應該怎麼做呢？」還沒等羅文開口，公司就先拿6萬元作首次開刀費用。

　　2013年7月26日，董事長要搭乘19:50的班機回台，但還是勻出下午的時間前往醫院探望羅文。羅文父親見了董事長，很激動

地說道：「我兩個爸爸（父親和岳父）都沒有董事長一個爺爺的幫忙多呢！」

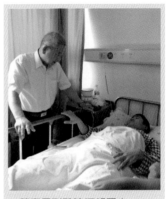

▲董事長到醫院探望羅文

這應是肺腑之言。一個近千人的企業，一位小小的司機，在普天之下，哪能享受這分的關照呢？

不錯！聰明的經營者腦海裡，一支螺絲釘和一部機器同等重要。這就是經營之哲的處世哲學及經營理念的高人之處。筆者曾經乘坐王小虎的車子出遊，還眼見董事長拿200元塞到他的手裡呢！但當我們旅程結束時拿點小費表示感謝，他無論如何都不肯收。

可見關心、關愛也是一種很好的人性教育呀！

聽說在此同時，羅文的太太在一家五百大的公司上班，因為長期低著頭作業，造成頸椎壓迫而痠痛。醫生說不能開刀，只能靠著自己慢慢調養。但公司不僅不給長假，就連慰問一聲都沒有，最後竟然被公司辭退掉。這在唯利是圖的企業來說，應是很普遍的現象。但若拿合璧與之相較，簡直是關心對冷漠、仁慈對殘酷、人性化對機械化，真有天壤之別呀！

由此觀之，合璧的關心、仁慈、人性化，創造的是仁德事業，追求的是偉大功德。但五百大創造的是財富成就，追求的是事業巨大。這「偉大」與「巨大」之比，對世道人心的影響如何呢？當然不必再費筆墨了！

不錯，「給人玫瑰，手留餘香」，關愛身邊的一切人、事、

地、物，可以讓自己的生命更綻放光彩！

2. 救助作業員袁英的心臟手術

一位作業員袁英2010年4月間突然風濕心臟病發作，非短期內開刀不可。但年輕的女工，哪來5萬元！

公司經理知道了，立即發起全體員工「一人有難，八方資源」的義舉。把關心、關懷、關照的「合璧魂」表露得淋漓盡致。董事長知道了，不假思索地下令「全力搶救」。立即指示先撥2萬人民幣支援。

▲董事長與搶回生命的袁英

而最令幹部們震撼的是：在手術前一天的中午，董事長得知公司的錢還未收到，大發脾氣，下令限下午三點半前使命必達。這就是他「凡事一定要追蹤」的力道。

在袁英進手術室到出來，前後七個半小時中，董事長大約每半個小時就來電詢問，幹部們從語氣中可以聽出董事長發自心靈深處的關懷。袁英出院後，董事長還交代公司要騰出一樓幹部的房間讓她安心靜養。期間董事長還是每天電話關懷，董事長的媳婦多次端來熱騰騰的魚湯、雞湯或豬肝湯。這貼心的關照，誰不感動？

袁英事後在感謝信中說：「……董事長和全體員工的關愛，使我感受到『合璧這個大家庭裡兄弟姊妹的深厚誼情，是一種超

越了友誼的親情』……我愛你們，我愛這個家，今後無論何時何地也改變不了我是合璧人，我一定會將合璧的精神在我身上發揚光大……」感激之心、感動之情，句句躍然紙上。

一個作業員，公司都這樣全力搶救，更有後續的關照，你說全體員工不會感動嗎？「感動生力道」，這是公司最可靠的資本。

3. 剛來的員工車禍不幸，公司大陣仗送行

「天有不測風雲，人有旦夕禍福」。新進合璧公司半個月的苗苗，於2010年10月6日上班途中，不幸被莽撞的轎車撞飛了，傷重不治。董事長匆匆回上海，第一件事就是探望苗苗的家屬。

「可憐天下父母心。」場面非常哀淒，董事長幾句話更令人動容。他說：「苗爸爸，苗苗火化後，你一定要帶著她的骨灰盒來合璧走一

▲苗苗的父親帶著家屬前來合璧感恩

圈，讓苗苗再來看看這個家，看看這麼多為她送行的同仁；另外把苗苗和我的合照也燒了，讓她帶著安心！」

上海合璧全體員工為苗苗辦理追思的早晨，苗苗的全體家屬懷著感傷與感恩的心情來到了會場，竟然全體下跪了。苗爸爸說：「董事長！您的年齡和我的爸爸不相上下，我們全家給您下跪了，感謝您的大愛，感謝您們的支持與幫助，您的大恩大德我

們是報答不了，只能給您下跪，謝謝您！謝謝您們！」

　　所謂「男兒有淚不輕彈」，一向堅毅的董事長竟然一上台就哽咽到說不出話。一時會場的空氣都凍結了，在場的人都震呆了。

　　有人說世界力量最強大的是巨風，比巨風更強大的是洪水。其實，我以為還有比洪水更巨大的，那是一大群人的感動。

　　這是合璧一次很震撼的場面，也是一場很難得一見的真情揮灑。倘若不是凝結了「我們都是一家人」的感情，何能致此！這正吻合《大學》「齊家」說法：

　　《詩》云：「如兄如弟。」如兄如弟，而后可以教國人。《大學‧釋齊家治國》

　　這是《大學》引《詩經》的話，形容兄弟「如兄如弟」的和睦景象。極言上位的人能夠使兄弟和和睦睦，然後才可以教導國人。強調要治其國，必先齊其家。

　　誠然，經營之哲使合璧公司的員工凝結成一家人，彼此關心、關懷、關照，大家同心、同步、同調，和樂融融，這不正是「如兄如弟」的景象嗎？這不正是教導員工「齊家」之道嗎？

(二) 對員工家屬的急難救助

　　孟子說：「老吾老，以及人之老；幼吾幼，以及人之幼。」這是把自己對父母、子女的愛心，推而也愛護人家的父母、子女。這就是孔子所謂「推己及人」的恕道。經營之哲把對員工的關愛，再推及到員工的家屬。「人同此心，心同此理」，既是一家人，家人的親屬也是我們的親屬，應該一樣的關照。

1. 救助保安門衛黃保仿的父兄車禍

　　在2002年9月25日杭州發生了一件大車禍，黃家卓與大兒子都受了重傷，路人將兩人送到平窯醫院。但父子身上都沒有錢，無法手術，非常危險。黃家卓只得將另一個在合璧公司當保安門房的兒子黃保仿的公司電話麻煩醫院聯絡。公司副總馬上安排黃保仿帶了3萬5,000元急速前去。如及時雨般地救了父兄的兩條命。

▲黃保仿的父親到上海表達感謝報恩

　　黃保仿與父兄都很感激公司救命之恩，各寫了一封感謝信，流露了滿滿的感激之情。

　　黃家卓在信中說：「如果沒有這3萬5,000元，我們父子倆就有生命危險，……我今已六十二歲，這次從您的身上才使我感受到真愛。出院後只要我能站起來，我一定到上海合璧向詹副總表示感謝，同時嚴格要求黃保仿夫妻加倍努力工作，用實際行動報答公司。台灣我去不了，目前只能用這種方式表達我們對您的謝意……」後來果然送來錦旗，並在朝會上致詞，一聲聲的道謝，場面非常感人。

　　愛默生說：「幫助他人的同時，也幫助了自己。」合璧公司救助黃氏父子，未來黃保仿夫妻會「加倍努力工作，用實際行動報答公司」正可印證這個道理。

2. 救助技工金師傅的女兒金曉燦的血友病

　　在2007年，公司技工師傅金茂武的女兒金曉燦，不幸罹了血友症，這是非常難纏的重症，必須經過長時間數次的化療；由於化療的副作用，細胞壞死，血小板急速遞減，人漸漸消瘦。家中的積蓄也山窮水盡，親戚又不冷不熱。金師傅夫妻真是走投無路。金媽日益憔悴。曉燦說：「當時我第一次發現『原來死亡可以和我零距離』。」如實體會了人窮病篤真是人生最大的悲哀。

　　好在天無絕人之路，就在這千鈞一髮之際，消息被董事長知道了，立即伸出援手，不足的醫療費全部補助，朝會時全廠的員工都一起祝福。就在公司上下的加持下，終於打跑了病魔，恢復了健康。金師傅非常感激，特別致贈「再生之恩」的錦旗，深深感謝。

▲金師傅感謝董事長救女兒的再生之恩

3. 救助品管課滕燕父親之車禍斷腿

　　這是發生在2009年底的事故。品管課服務的滕燕，在三年前到公司任倉儲品管，靠著薪資讓一家生活平淡而和樂。不料天有不測風雲，她的父親被撞斷了腿，不僅必須專人照料，還需要一筆相當大的醫療費。

　　因此，滕燕心急如焚，打算辭職，回家找分工作，一方面好

看顧父親。就在焦頭爛額之
際，被高層知道了，立刻向
董事長報告。當時董事長也
正在台灣作腰椎手術，聽了
立即指示先撥4萬救助金，
並號召員工捐款。使滕爸爸
得以完成療程。讓滕燕一家
人永懷感恩。

▲滕燕陪同父母向董事長感恩

　　滕燕在感謝信中說：「……像董事長這樣胸懷寬闊、助人為
樂、感謝報恩的精神是何等的偉大！您雖貴為老闆，卻待員工如
家人，擁有無私的愛心，此時此刻讓我感到您猶如冬日裡最溫暖
的一縷陽光，照亮了我的心懷、溫暖著周遭的世界。……古云：
『滴水之恩，當湧泉相報。』往後我會以一顆感恩的心，加倍努
力工作來回報公司。」不錯！我們前面說過：「助人像冬陽，及
時而溫暖。」滕燕真的是身感神受了。

(三) 扶助社會的弱勢

　　大家都知道，一般所謂「社會救濟」包括三種形式：救助、
救災、扶貧。「救助」多指個別急難的救濟。上面所舉合璧的事
例都屬前二者。第三種「扶貧」是對陷入困境的弱勢提供最低生
活的補助，經營之哲在這方面也做得很多。

　　經營之哲三、四十年來堅持「創造價值，共生共榮，感謝報
恩，回饋社會」的經營理念。對於貧苦弱勢者，無論認識或不認
識，只要讓他知道，無論多久，他都慷慨解囊，幫助到底。

譬如他的台灣之日語老師李坤海，年老失去依靠，經營之哲每個月補助他新台幣2至3萬元，至今不斷。

又如寧夏靈武職校副校長孫鳳梅不幸遭遇家變，兒子丁豪健康又不好，就讀大學的開支與醫療費相當龐大，經營之哲知道了，每月寄去人民幣1,000元，直到丁豪畢業。但接著換成孫副校長的身體也不好了，因而至今仍繼續資助。

▲靈武孫副校長與哲人合影

又有一位彰工的林姓校友，年紀大了，沒有經濟來源，必須時常向人伸手度日，不過不大會節儉。他知道了每月只寄去新台幣3,000元，希望他能省吃節用。

其他3,000、5,000……，三年、五年……的案例，多得難計其數，甚至連他自己都記不清楚了。這種「推己及人」的愛心，推及員工的家屬，甚至社會的弱勢。這與儒家的仁愛思想很有雷同之處：

樊遲問仁。子曰：「愛人。」《論語·顏淵》

孔子曰：「人不獨親其親，不獨子其子；使老有所終，壯有所用，幼有所長，矜（鰥）、寡、

▲大聖、小聖圖

孤、獨、廢、疾者，皆有所養。」《禮記‧禮運‧大同與小康》

　　孔子在〈雍也〉說：「仁者己欲立而立人，己欲達而達人。」（參見第1章〈我遇見了中國「經營之哲」〉），這就是說仁者會推廣自己的仁心去愛人。所以他簡明地答樊遲說「仁者愛人。」

　　這種「推己及人」的胸懷，他在《禮記‧大同篇》說得最明白。他說大同社會裡，人不只是親愛自己的父母，不只是慈愛自己的子女，還要讓所有老年人都得到終養，所有壯年人都得到用世的工作，所有幼年人都得到教養長大；對於老而無妻、老而無夫、幼而無父、老而無子、殘廢、患疾的人，都能得到養護。

　　言下之意，人人除了愛護自己的父母、子女之外，還要推衍這種仁心去愛撫別人家的父母、子女，使整個社會呈現一片親睦和諧、關照互助的「大同」景象。

　　朱子說：「仁者，心之德，愛之理也。」誠然，經營之哲應該具足了「仁之德」、「愛之心」，所以能關心、關懷員工，捨得撥出25%的利潤作員工福利，創造了員工生活的幸福。他進而推己及人，捨得撥出5%的利潤作人道救濟，回饋社會。符合了孔子的「仁者愛人」與「大同社會」的理想。

三、人間處處見芳草，關照濟助處處香

　　談到企業救助，應該先舉台灣近年遭逢大災禍時，很多大企業出錢出力的壯舉，其中令人印象最深刻的一二偉蹟：

(一) 王永慶之「為人之所不敢為」

西元1999年，台灣「九二一地震」時，南投縣仁愛鄉萬豐國小在地震中全毀。當初校方到處求助企業界，但許多企業都因為該校地處偏遠，運送艱難而裹足不前。只有王永慶見信後，立即提供6,000萬元認養。不談經費之多寡，只看那種能「為人之所不敢為」的毅力，就令人五體投地。試問：王永慶假如沒有「仁者愛人」的胸襟，怎麼有此「不畏艱難」的高度？

(二) 張忠謀救災之鉅細靡遺

再者是2014年7月31夜「高雄氣爆」的慘案，路陷、車飛、屍橫，受傷逾300人，死亡30餘人，非常慘重，震驚了全世界。當然很多企業伸出援手。但其中最特殊的要算台積電 張忠謀，他立即捐出1,200萬元作基金，又快速地聯合「協力廠商」投入了救災復原的工作，進行搭便橋、建屋宇、築道路等多項修復工程。甚至擔心工程會影響災戶生活，又建安全圍籬、鋪預防病媒蚊蟲細網、調派七部靜壓打樁機、鋼板樁等。

這種救災如救火、劍及履及，乃出於濟世之「仁」；體恤災民，鉅細靡遺，設想周全，乃出於悲憫之「誠」。在在都是聖、仁的一環，都非常難能可貴。災民在感動之餘，曾建議把一心路改稱為「台積電路」，可見感動災民之深，誰與倫比！

(三) 保障工作安全兼社會回饋的振鋒中堅企業

位於台中工業區的振鋒公司，專業製造工業起重用的安全吊鉤。創立於西元1985年，很講究不斷地研發、創新，自創YOKE

品牌，取得多國的認證，行銷全球。

　　董事長洪榮德很懂得留才，讓員工樂於自己的工作。公司休息報時用古典樂聲，平時請品酒老師來開課。每天早上七點半有生產線員丁輪流站在公司的廣場大聲演講，喚起員工的精神。

　　可見公司對員工相當體貼，員工向心力十足，無怪乎董事長雄心萬丈，要做全球第一大。只看公司在國內八年獲得8項大獎。尤其2014年躋身《天下雜誌》之千大企業，2015年更榮獲行政院卓越中堅企業獎。其實，員工不到300人。

　　振鋒公司還持續投入社會公益活動，回饋鄉里。近年來成立「基金會」，專責學生獎助學金、學術研討會贊助、清寒家庭之急難救助，還包括台中榮總一日志工活動、捐贈惠康醫療救濟基金會。

　　以上事例兩大一小。大企業可以開創人之所不能為，而中小企業，也可以在台灣默默耕耘，而躍進世界前茅，又做了那麼多公益。我們敬佩就是他們救助的「用心」；不是丟了大把鈔票就了事。這最是值得大家深思。

四、總結：與員工共享並回饋社會，是成功經營的唯二法門

　　近來世界各國的企業，無論公營、私營，時常發生「勞資對立」、「勞工抗爭」，很多人以為這是民主的常態。其實，「勞資糾紛」常是企業高牆倒塌的原因，不可等閒視之。

　　試想，「勞資對立」必然人事失和，造成內部無謂的紛爭，

長此內耗，生產的品質、產能一定降低，更不幸的是可能導致兩敗俱傷。這一點經營之聖與經營之哲都有高人的祕訣。

稻盛和夫起初經營京瓷的小企業時，就決心打造沒有內部對立、勞資一體、共同合作的公司。

▲經營之哲與回饋社會

首先他提出「大家族主義」，使經營者與員工建立家人般的親密關係；並推展「阿米巴經營」，讓更多員工參與公司的經營管理，使每個員工都感到「對公司有貢獻」，活得有意義。其次，採取透明化的經營，公開會計的處理，取得員工的信任。

經營之哲經營合璧公司，則更進一步公布25%的利潤作員工福利，以5%的利潤作人道救濟，回饋社會。最特別的是他毅然事前承諾，一開始就給員工一個信心、一項期待。而且公司每月公布各單位的盈虧數據，表示公司絕對誠信，絕無隱藏。

這樣對內獲得信任，對外塑造形象，經營起來不僅障礙少，甚至助力會更多。這時公司的門庭自然就「車如流水馬如龍」了。

因此，經營企業一定要讓利給員工，讓員工有參與感；經營與盈虧要透明化，進而多方從事社會公益。這是以財發身的亮點。

《大學》：「仁者以財發身，不仁者以身發財。」〈大學‧釋平天下〉

　　試想：王永慶助人之所不敢助，張忠謀救災細膩到「愛民如子」；經營之哲關愛員工，救助家屬，一直延伸到識與不識的一般人。他們可以說功德無數，德譽崇隆，這不正是「以財發身」嗎？然而像有清之和珅、近來大貪其汙的一批大官，搜括民脂民膏數以千萬計，這不正是「以身發財」嗎？

　　其實，人生光溜溜地來到人世，最後也將妙手空空地回去，一生生活之所需並不多，只要你不是要花天酒地；只要你不是要累財萬貫留給富二代、富三代花天酒地。那麼你都可以隨時付出一分關愛，救急、扶貧、濟世，不斷地「以財發身」，提升企業的價值，可以留住名望、企業永遠之春天。

※哲人對話錄

　　印度詩人泰戈爾說：「我們的生命是天賦的，我們唯有獻出生命，才能得到生命。」

　　經營之哲說：「我們的仁心善性是天賦的。我們只有不斷地付出關愛，才能永遠留住天賦仁善的功德。」

第十六章　人才培育

引題：小詩輕唱

　　人才企業總靈魂，發展精研賴此根；

　　誰可長期勤培育，推陳出新必稱尊。

見賢思齊：師法重點

　　‧研究合璧成功的大祕訣，探討哲人培育人才的作法
　　與影響。

　　‧檢討自家人才培育的得失，研究日後可再加強改進
　　的策略。

一、自家的棟樑最好在自家的園地栽培

　　企業人才的培育重要嗎？由三位經營巨人之算法可見端倪：

① 現代世界管理學之父彼得‧杜拉克說：

　　人生成果與學歷、才華關係不大；與行
　　為習慣、基本原則、態度有重大關係。

② 日本經營之神松下幸之助認為：

　　一般成果＝無形（60%）＋有形（40%）

　　人生成果＝有形×無形

　　企業成果＝（戰略＋戰術）×價值觀

▲彼得‧杜拉克

其中（戰略＋戰術）是有形的；價值觀是無形的，後者百分之1.2～2.0。

③ 日本經營之聖稻盛和夫說：

人生‧工作＝思維方式×熱情×能力。

依彼得‧杜拉克的看法，有重大關係的「行為習慣」需要靠後天的培養。「基本原則」需要學習。「工作態度」需要激勵。

依松下幸之助的看法，有形的戰略、戰術需要教育的訓練；無形的價值觀需要教育的培養與激勵。

依稻盛和夫的看法，「思維方式」是取決於個人的價值觀和經營理念。「熱情」是努力所激起的工作態度。「能力」是靠學習。

綜而觀之，除了學歷、才華、基本能力是具備於進入職場之前外，其餘都需要依靠職場上的學習與磨練。譬如：你新招來的員工，如果只靠著他們本來的才華、能力去工作，那麼你的企業一定無法創新、突破與發展。只能「保持現狀」而等著被淘汰的命運。

因而徵選人力的要件是看他的才分、品德、態度。至於思維方式、做事原則、工作熱情與價值觀，必須在職場作計畫的培養。

我們縱觀合璧工業公司董事長詹其力（簡稱經營之哲或哲人）在幹部人才的培育就把握這個原則，著墨極深，成效也最大。

經營之哲說：「努力比能力重要，習慣比努力重要。所以要使努力變成習慣。所以自家的棟樑要自家栽。」這個觀念很新穎。

二、合璧培育人才的「大觀園」，保證很多企業朋友會掉眼鏡

(一) 培育人才的四種基本功夫

▲哲人期盼新的動力

　　經營之哲志向遠大，理想很高，他在公司達到「共生共榮、感謝報恩」之後，接著是要航向永續經營、挑戰百年之路。他知道人才是公司最重要之資產，是未來決戰的主力。所以他回顧過去、展望未來，不斷地思考與行動、不斷地蛻變與創新，使一切活動都圍繞培訓「未來力」而展開。

　　不過這個區塊範圍廣泛，分幹、布枝、展葉，錯綜繁複，不易詳盡地逐一分條縷數。所以凡屬原理部分，我們只提出原則，最精彩的育才之祕方，另作精彩的大爆料。

1. 選才、育才、用才、留才──一條龍

　　合璧從徵選良才，經過培訓教育，使個個人盡其才，適才適用，發揮專長，直到留住人才，必須連貫銜接，不使任何斷層。

2. 同心、同步、同調──同目標

　　合璧人才培訓的首要目標，務使全體員工都能體認公司的經營哲學與經營理念，從「不斷思考與行動」、共創價值，到「共生共榮，感謝報恩」，一種目標，一致認同，一貫努力。

3. 關心、關懷、關照──我們是一家人

　　合璧人才培訓先建立情感，彼此培養尊敬長上、關懷下屬的愛心，互相照顧，相親相愛，同感合璧是一家人。一同感受「我愛合璧，合璧愛我」的情懷。

4. 守、破、離──三段式成長

　　合璧人才培訓最後要造就員工三階段的成長，先要守住合璧的經營理念，進而突破現況，務使人人成為「獨立作戰」尖兵。

　　基本功扎實了，什麼金剛指、白鶴展翅等自可水到渠成。

(二) 培育人才的基本妙招

　　合璧人才培訓分為「員工訓練」與「幹部培養」兩種：

　　以形式看，前者多採「集體訓練」，後者偏重「日常養成」。

　　以項目看，約可分為「廠內教育訓練」、「廠外教育訓練」、「工廠參觀見學」、「海外工廠參觀見學」、「讀書會研修」、「各種研修會」、「各種論壇」、「各種培訓活動案介紹」等。

　　這些與一般企業差別不大，其中以「海外工廠參觀見學」、「讀書會研修」兩項，更隱含了哲人的神來之筆。

(三) 新進社員的短期震撼

合璧新進員工必須先接受「先來認識合璧人」的訓練：這項訓練除了認識公司的環境、經營理念、營運概況、福利措施之外，還要經過比較嚴格的態度、禮儀、服裝之講習，或許和新兵的基本教練一般，譬如：坐姿要挺胸收腹、站立要虎口交叉，走路要抬頭挺胸，務必要求做到

▲新進社員禮儀訓練

「坐如鐘，站似松，行如風」的程度。對儀容、服裝的穿著更規定得鉅細靡遺，每一項都大震撼。個中最大的理由，就是要讓合璧人走到那兒，都是中國人的典範。新秀都從基礎打樁，必能健全向上發展。

(四) 中間幹部的中期充電

合璧的中間幹部還有「中期訓練」，讓他們不斷地追求成長，跟上時代的腳步。這項培訓的項目很多元：計有「語文培訓」、「管理

▲松下創研所（PHP）人員作專案指導

培訓」、「定期培訓」、「專案輔導」、「外部見學」、「外送培訓」、「出國見學」等。譬如「定期培訓」曾聘請三菱製作所的長谷川久男作長期顧問，訓練「品質管理」，每月一次。都是長期有計畫的進行。

「管理培訓」曾特聘日本的出邊顧問公司派員擔綱，每月一次，一次兩天。「專案輔導」也特聘日本的松下創研所（PHP）前來指導，每月一次，一次兩天。這樣時時充電，自然時時走在前頭。

三、董事長對幹部雕塑的祕方大爆料，不看可惜

經營之哲的幹部培育最爲特別，他的寶盒裡裝著很多珠璣玉石，可說琳瑯滿目。這裡只提他的一些獨具「用心」的結晶。這些晶體有些若有若無，有些看似平常，內中很富玄機。假如你不是也慧眼識人，又「用心」去體察，根本難得看出來。

(一) 親自督陣，幹部不敢不「自我成長」

人的學習有兩種形式：一是被迫學習，凡學校教育、準備職業考試，都是不得不而學的；二是自動學習，凡因興趣而讀書、爲需要而學習，是主動自發的。

但人性之常，被迫的學習往往走馬看花，蜻蜓點水，學得不深不牢、應付了事。但自動的學習，不僅讀來興會淋漓，專心致志，更每每東覓西尋，翻遍資料，比對研究，所以所見者廣、所知者深。同樣名之曰「學習」，態度不同，收穫就可能有天壤之別。

經營之哲深諳人性，有高人一等的育才觀念。他以為企業人的「自我成長」有三要件：看書、跟高人接觸，以及參加講習會、論壇、展覽會。因而他設計一張表格叫做「實踐『行動力』成果報告表」，規定每位幹部每個月必須交一張。格式如下：

實踐「行動力」成果報告表

1. 自我成長，三大要件，實際行動成果報告：
   (1)看什麼書，大致內容，實際收穫是什麼？（除讀書會指定書籍外）
   (2)跟哪位高人接觸，學到什麼？
   (3)參加什麼講習會、論壇、參觀、展覽會及收穫？
2. 創新：實際成果報告：
   (1)小創新：
   (2)中創新：
   (3)大創新：
3. 經營理念之實踐與傳播報告：
   (1)實踐什麼事情？
   (2)傳播給誰？
   (3)其他：
4. 其他行動成果報告：　　　　　　　○○部：○○○
   　　　　　　　　　　　　　　　　○○年○月○日

　　總之，合璧的幹部每個月凡看過的書、接觸過的高人，或是參加講習會、論壇、展覽會，都必須填寫這分「實踐『行動力』

成果報告表」，寫出學得的東西、有哪些收穫、看到哪些創新、自己實踐了多少，可說規定得鉅細靡遺。所以每個幹部看書一定要非常仔細，跟高人接觸一定要多聽、多問；參加講習會、論壇、展覽會一定要深刻去體會咀嚼；走馬看花不得，敷衍了事不得，不然一定寫不出好心得。這樣長年的堅持，所有幹部不得不快速地成長了！

合璧的幹部有80多人，每月80多篇，董事長都親自審閱，並作紀錄表與評語，等到下個月宣布優良作品與尚待改進的名單。而特色的作品還影印人手一張，有的還傳給顧問等相關人士呢！

據經營之哲說，這些報告都電腦連線，直接傳輸給董事長，只要超過三天沒交，董事長立即電話詢問原因，所以每個月繳交率都是100%。而審閱這些報告每月大概要花十小時。每月裝訂成冊，上面有目錄，便於查閱。可說設計周全，執行嚴格，試問：一家公司把員工督促到如此「要命」的地步，鐵杵都可磨成針了！

不錯！多看書，可以吸取前人的心血精華；多參加講習會等，可以取法他人，增廣見聞，跟得上時代；接觸高人更可以「見賢思齊」，激發崇高的胸襟。這些正符合了孔子的「君子之學」：

子曰：「君子食無求飽，居無求安，敏於事而慎於言，就有道而正焉：可謂好學也已！」《論語・學而》

「敏於事而慎於言，就有道而正焉」是指君子要勤敏做事，謹慎說話；又要親近德高飽學的人來導正自己。其實，這就是經營之哲所推展的「勤學」、「接觸高人」的真意。

〈學記〉云：「玉不琢，不成器；人不學，不知道。」《禮記》

這是說玉石不經雕琢，成不了寶器。同樣道理，一個人儘管資質再好，假如不學習，也不能明白人生大道，只是個庸人而已。

所以人才的培育，也像整治玉石一般，切割之後還要再磋平；雕琢之後還要再磨光，才能成為光耀四射的寶石。這樣的玉石怎不奪目呢？

同樣道理，經營之哲訓練幹部細膩到如此地步，就是要把每一位幹部都鍛鍊成一顆顆光耀四射的寶石。這樣經營怎能不成功呢？

(二) 天天舉行「改善提案」，日日激盪，時時精進

「改善提案」是合璧另一項的「祕密武器」，其特色是天天進行，讓員工無時無刻都在腦力激盪。大家要知道，每個人的腦力都有無限的可能，天天轟

▲董事長主持幹部會議

炸，潛能盡出，可以排山倒海，氣勢不言可喻。

合璧的員工每天在「禪‧5S」修煉後，就是朝會時間，這個時間最重要的活動就是進行「改善提案」。採分組進行：幹部分為六組，現場七組；以任務分，共分為「日出組、鑽研組、

飛躍組、精心組、創新組、向陽組、
快樂組、奮飛組」等。分組討論後再
綜合討論，然後依討論結果作任務分
配，隨時發現問題，隨時解決問題。

　　這樣，小隙易堵，小火易滅，可
以防患未然。何況任何改善，都是一
項進步，進步不已，當然就讓天下企
業都瞠乎其後了。

(三)培養洞察力，讓員工能見人之所不能見

　　經營之哲另一項「絕招」是訓練幹部的「洞察力」，譬如要
幹部從樓下走到樓上，至少要發現10個問題，提到會中討論。這
是訓練幹部平時養成竭盡目力、腦力，從雞蛋裡挑出骨頭來，也
就是必須把腦力激盪出來。

　　稻盛和夫說：「人有三種：
自燃的人、點燃的人、不可點燃
的人。」經營之哲說：「洞察力
可以激發戰略的靈感，是邁向行
動的火花，培養成為『自燃』的人。」

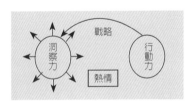

　　不錯！具有高度「洞察力」的人，往往可以「見人之所不能
見」，所以對於自己可以「洞見癥結，防微杜漸」；對於相關的
事可以「識人之所不能識」，所以能「洞察幾微，把握機先」，
當然成為勝利者。

　　這些措施正是經營之哲的經營理念「不斷地思考與行動，蛻

變創新」的行動力之展現。也正吻合《大學・釋新民》的啓示：

　　湯之〈盤銘〉曰：「苟日新，日日新，又日新。」《大學・三》

　　《大學・湯之盤銘》是說：「假如有一天能確實洗淨汙垢，革新自己，接著就應該天天洗淨革新；而後更要不斷地革新進步。這就是「日新又新」、「精益求精」的寫照，很契合合璧企業不斷地思考、行動、蛻變、創新，以追求卓越的精神。

(四) 親自帶團參訪見學，親自下海當導覽

　　企業的參訪見學是「取人之長，補己之短」的最佳策略。經營之哲非常重視這種活動，不僅常派員遠赴各地參加或參觀各種講習會、展覽會及論壇，汲取經驗；而且國外參訪見學團他都親自掛帥遠征，親自當導覽員。（詳見第7章〈經營者很用心〉、第10章〈公司宗教化〉、第11章〈公司學校化〉）。

　　以近五年爲例，上海廠的幹部曾組團參訪日本、台灣和泰國。其中較特別的是2011、2014年兩次組「合璧源點文化傳承學習台灣見學團」，各爲期一週，除遊覽名勝外，還有三個見學重點：

　　一是參訪台灣三家佛、道教重鎮——慈濟功德會、法鼓山和行天宮（詳見第10章〈公司宗教化〉）。

　　二是參訪台灣廠的原點——三重的合璧廠。

　　三是參訪董事長成長的四個原點——出生的花壇之李家、寄養的永靖之詹家、董娘的陳家，以及現在台北的董事長的府第。

　　第三個行程最令員工感動與咀嚼：尤其是從董事長的三姐、

四嫂、妻弟媳李茴的娓娓口中，以及四嫂女兒逢逢的眼淚裡，見證了董事長幾十年來「感謝報恩」的生動故事；也如實地看到了三十多年未曾整修的董事長官邸、家居、書房，以及近三十年的老爺車，又瞻仰了董事長出生、寄養的老家，更證實了「成功家庭往往是來自於勤儉」的古諺。

▲哲人歡呼「巨木再生」

尤其是看到隨著李家興衰的「枯木再生」之巨樹，這歷程不就是董事長一生的寫照嗎！也令人憶起董事長「勿忘初心」的訓言，對大家啓發良深。

過去，不少大陸遊客台灣之行後，都說「台灣最美麗的風景是『人』」，他們卻發現應該說是「志工」來得更爲貼切！

有的幹部說：「日本之行，收益更大，日本人之重視文化，注重衛生，講究禮儀，最令人印象深刻。而工廠管理、廢物利用、服務水準、集團意識、國民風俗，在在令人心服口服。」

▲第二梯次「臺灣見學旅游團」在日月潭合影

泰國之行，他們首先感受到的是獨特的熱帶風光，而那些驚險的鬼屋、奔放的海上運動，都新鮮有味；最令人難忘的是董事

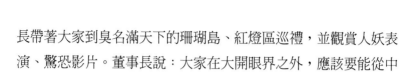

長帶著大家到臭名滿天下的珊瑚島、紅燈區巡禮，並觀賞人妖表演、驚恐影片。董事長說：大家在大開眼界之外，應該要能從中悟出人生的大道理，才不「枉此一行。」

在大陸境內，合璧也常組成員工旅遊團，到相關的優秀企業參訪，如福州的士林電機、上海的松下信息、上海的富士通等。

遊覽景點更是作業員的最愛，公司時常選拔現場優秀的員工組團「快樂行」。其中黃山、張家界是最熱門的話題。

其中訪遊張家界時，有一段極精彩的畫面：當大家爬了八千個階梯與走過十里畫廊後，進了一家餐廳，只見館裡像個菜市場，人聲鼎沸，震耳欲聾。董事長便掏出口琴，吹起〈甜蜜的家庭〉，團員的歌聲立即繞樑而起，使在場的顧客也和著唱了起來，喧天的吵雜聲立即變成一片天籟，這是一段最好的「機會教育」。

如今看員工在《合璧情》發表的見學心得，篇篇滿載著興奮情緒，這些收穫，相信可以「取長補短」，生發更多的撞擊火花，讓合璧百尺竿頭更進一步。這是很好人才培訓，很有《詩》的況味：

《詩》曰：「他山之石，可以爲錯。……他山之石，可以攻玉。」《詩經‧小雅》（錯：磨刀石。攻：研磨）

《詩經》這兩句的意思一樣，都是說借用他山的石頭，可以做爲磨刀石，也可以借來磨礪自己的玉石。引申比喻以他人作爲借鏡，來磨練自己，端正自己的言行。

合璧企業舉辦國內外旅遊、見學，目標也是要員工觀摩他人，當作借鏡，取人之長，激勵奮發，改造自己，提升戰鬥群的

未來力。正符合《詩經》「他山之石可以攻錯」的這個意旨。這些觀念的塑造是很值得大家學習的。

四、培育人才的其他佳例，保證讓你耳目一新

(一) 士林電機全方位、多元化的訓練與福利制度

　　台灣士林電機創立於1955年，一向堅持扎實深耕，厚植根基，秉持「與時俱進」的精神，是台灣很成功的大企業。

　　其中人才培訓與福利制度很有特色。人才培訓有三大方向：

　　1. 全方位之訓練發展體系：包括新進人員、在職訓練、職外訓練及自我啓發等四大類課程。

　　2. 多元化之學習成長管道：公司不惜每年投資數千萬元於員工

▲合璧中間幹部到福州士林電機見學

學習發展，建置在職訓練、內部訓練、派外訓練、網路學習及自我學習五大管道。

　　3. 科技化之學習發展平台：公司突破了時間與空間限制，以實體線上學習方式，有效提高訓練成效及降低成本。

　　其福利制度除具競爭力的薪資外，還有兩大措施：

　　1. 優渥的獎金：包括三節禮金、年終獎金、紅利、生產獎金、研發獎金、營業獎金、提案獎金、內部講師費等。

2. **貼心的福利**：包括勞動節贈品、生日禮券、旅遊補助、社團活動、健康檢查、員工本人及子女獎助學金、員工餐廳、員工健身中心、制服、員工信託持股、資深員工獎勵、結婚補助等。

如今士林電機最優質的人力資源都已逐漸養成，除台灣廠之外，大陸有12廠，越南有2廠。卓越士電，享譽國際。

(二) 日本松下公司的人才開發之獨到見解

日本 松下公司是「經營之神」松下幸之助於1918年所創，公司一向把人才培養放在首位，分設八個教育訓練單位，更有一套培養人才、團結

▲合璧中堅幹部到上海松下公司參訪見學

人才、使用人才的制度。所以能培養出企業、專家隊伍，在激烈競爭中占領了世界市場。其獨到的見解如下：

1. **注重人格的培養**：名刀是由名匠不斷鍛鍊而成。所以松下特別重視千錘百煉的人格培養，培養貢獻人群的一顆心。

2. **注重員工的精神教育**：松下極重視培養向心力，讓員工了解公司的創業動機、傳統、使命和目標，促成同心協力。

3. **注重培養正確的價值判斷**：松下鼓勵員工間相互學習、研究，以切磋出正確的價值判斷。

4. **注重員工的細心**：松下認為細心體貼等小節往往足以影

響大局，是非常緊要
的關鍵，所以特別的
重視。

▲合璧中堅幹部外送到田邊顧問公司培訓

　　5. 注重克服困
難、承擔壓力的人
才：松下認爲環境會
越來越競爭，只有這
種人才始能以積極的態度從惡劣環境中促使成功。

　　6. 採用強過自己的人才：松下主張領導者應採用強過自己
的人才，至少有某方面的能力強過自己，領導才有成功的希望。

　　這種跨世界的大企業成功的因素必然很多。但中小企業所
要、所能學習的必須關鍵中的關鍵。像這些獨到的見解值得學
習。

(三) 日本豐田汽車公司的建議創新制度

　　日本豐田早在上世紀就實施了一項「動腦筋創新」的建議制
度，激勵員工共同創新。爲此還特別設立動腦筋創新委員會，制
定了建議規章、獎勵辦法。把「動腦筋創新」貫徹到各個角落。

　　尤其審核標準非常細膩，分爲有形效果、無形效果、利用程
度、獨創性、構想性、努力程度、職務增減分等七項目，對應的
獎金也很高，最高爲20萬日元，最低爲500日元，對於特別優秀
的建議案更給予特別的獎勵。

　　這項制度實施一年，就徵集了183條建議。後來每年可達5萬
餘條，提升了員工的熱情，爲豐田的發展創下源源不斷的動力。

所謂「八仙過海，各顯神通」，各家各有妙處。大家知道，培育人才的辦法萬萬種，諸法皆妙，而適行於自家的就是法寶。

(四) 亞洲首富李嘉誠的育才得才絕招

　　創辦震撼世界的長江集團之李嘉誠相信「得人才者得天下」，他窮其一生，就是慧眼識才，精心培才，寬宏待才，誠信得才。所以能「得天下英才而用之」。他的公司內有企劃師、精算師、高級顧問，可以出將、入相，外有智囊、謀士、客卿，濟濟多士。

五、總論：中小企業的人才要自行培訓，勞資大家一起來

　　古人云：「智莫大乎知人。」又說：「得人才者得天下。」

　　今天企業競爭有如戰國時代，「得人才者興，失人才者亡」，成為企業的生存法則。所以強人不僅要提升自身的智慧，還要運用他人的才能，集眾人之智於一身，才能成就大事，成為巨人。因此企業家應把「人才」列為經營的第一要務。

　　一般人才的來源管道有二：一是挖角；一是培訓。大企業資

▲哲人（中戴眼鏡者）親帶員工作黃山壯遊之旅

本雄厚，常採挖角方式，重金禮聘，省時省力。但中小企業資金有限，魅力不夠，挖不了角，只能靠自己培訓。

其實最簡便而有效的應是經營之哲的「自我成長」策略，督促員工自行看書、跟高人接觸、參加講習會、論壇等，汲取高人或優良企業的智慧與經驗。

「他山之石可以攻錯」、「木受繩則直」，時時激盪，常常薰陶，用力既深，自然成材。

不過，這種策略必須有兩項必要的前提：

一是推行者要具權威，令員工不敢不做，還要做得踏踏實實。

二是對員工要有誘因，令員工做得心甘情願；假如更讓他們做得興會淋漓，那麼保證你的策略可以百分之百的成功。

到此階段，才算你選才、育才成功，接著推進到職場才是發揮功能的開始。你必須知人善任，任用其長，放在適當位置，不要擔心能力比你強的人，儘量釋放他們的潛能，才可人盡其才。

再來是「留才」：你必須真心誠意去關心、關照他們，把員工看作一家人，不僅留住他們的心，更要留住他們的幸福。

經營之哲說：「理念需要傳播、實踐與監督，長久的堅持下，才會慢慢習慣。長久內化習慣以後，人才就這樣培養出來。」

身為員工也要有和公司共生共榮的胸懷，一定要接受公司的職能訓練，職訓受益最多的是員工自己。只要自己成材了，不僅可以為公司打拼；萬一此處不稱意，那麼天下何處不可去！

因此聰明如你，一定要把握公司培訓的機會，造就自己成為

有爲的人才，可以爲和公司共同成長，何況未來之路更寬呢！

※哲人對話錄

教育家說：「學生是社會的未來，教育是學生的未來。」

經營之哲說：「事業是人生的未來，人才是事業的未來。」

松下幸之助說：「公司在輸出產品之前，先輸出人才。」

經營之哲說：「老闆在開業之前，先儲備人才。」

第 4 篇

成功經營者的未來展望篇

　　——「千迴百旋登高峰，一峰再望一峰高」。
　　企業有廣度，條條道路通羅馬，
　　經營有高度，潺潺江溪匯長河。

第十七章　挑戰百年企業

引題：小詩輕唱

　　企業人生無盡求，經營最怕半途休；

　　堅持理想胸襟壯，挑戰百年尤上樓。

見賢思齊：師法重點

　　‧效法合璧挑戰百年的氣魄，探討哲人步步求進的策
　　　略與精神。

　　‧省視自家的氣運，瞻望未來，策勵永續經營的力道
　　　與前景。

一、企業壽命如流水，有長有短，制度與道德是關鍵

　　孔子說：「長江開始從岷山出來時，只可以浮起酒杯；但流到江津以後水流很大，不怕大船，不躲颶風，人不能涉水。這不是因支流越來越多的緣故嗎？」

《孔子家語‧三恕》

▲孔子與弟子觀水而論水

　　說得不錯！就好像長江、黃河就是由於下游的支流多，不斷灌注，水量越來越充沛，所以千古綿綿不斷。但內陸河如塔里木

河支流少，又流經沙漠，因而很快就無影無蹤了。

企業經營也如江河之下平原，尤以中小企業為然。如果體質好，策略佳，就可以流長千萬里；如果體質差，沒有好策略，沒多久就消聲匿跡了。據媒體統計：西方的中小企業平均壽命24年，大陸7.5年，台灣13年。因為一般企業到了一些年限後，常會面臨嚴峻的接班問題；接班人的理念與經營方式，往往造成未來的落差。

世界人口平均壽命最長的是日本，而長壽企業最多的也是日本。他們超過200年的企業就有3,146家，歷史最悠久的是金剛組公司，專門從事寺院建築業，至今已有1,430多年的歷史。而中國超過150年的只有5家，最古老的是歷史580多年的北京 六必居醬園。

為什麼？最大的原因可能是日本人的家產只傳長子，可以永遠保持優勢；中國人是兒子均分，越分越小，終於無疾而終。

有人也認為日本的近代商業深受「實業之父」澀澤榮一所著《論語與算盤》的影響，講求「義利合一」，不會只顧私利，擅長與周遭的人取得合作，一起追求繁榮。這種道德企業確能可大可久。但中國人不然，連兄弟都搞鬩牆內鬥，不待外力就自行垮台了。

不過，今日的中國大有例外。其中之一的合璧工業公司董事長詹其力（簡稱經營之哲或哲人），高瞻遠矚，特立獨見，重視道德經營，推展仁德企業。他白手起家，在台灣創立合璧公司40多年，年年成長，從未向銀行貸款。如今上海廠也即將邁進第13年（台灣的平均數），但他仍然一本初衷，殫心竭智，越戰越

勇，並誇下海口要「挑戰百年幸福企業」。誠然，他的理想與作法值得探索。

二、合璧挑戰「百年企業」的策略，足以讓人耳目繽紛

(一) 挑戰「百年企業」的妙招「講求心腦合一」

經營之哲以為事業要永續經營，策略要包括兩方面：用腦和用心。如右圖：

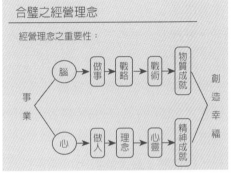

合璧之經營理念

經營理念之重要性：

事業 → 腦 → 做事 → 戰略 → 戰術 → 物質成就 ／ 創造幸福

事業 → 心 → 做人 → 理念 → 心靈 → 精神成就 ／ 創造幸福

「用腦」指對事業的規劃與執行，如訂定經營的理念、目標、方法，規劃戰略、戰術。戰略上要從經營技術與管理著手，掌握人力、財力資源的運用。戰術上要發揮生產、行銷、研發及創新；目標就在不斷地發展，以創造利潤。所以「用腦」所追求的是物質上的成就，屬於「智」的範疇。

「用心」指經營者自己堅守經營的哲學、經營理念、價值觀，以及做人的態度，教化員工，引導公司永續發展的方向，以創造價值，共生共

▲仁者樂山（宋徽宗圖）

榮，回饋社會。所以「用心」所追求的是心靈與精神的成就，屬「仁」的範疇。

企業經營這種「智」、「仁」的目標，相當契合孔子的看法：

子曰：「知者樂水，仁者樂山。」《論語‧雍也》（「知」同「智」。「樂」音讀「一ㄠˋ」，喜好的意思）

因為智者的頭腦靈活，喜愛追求變化創新，所以喜愛水的變動不居。仁者的心性敦厚，喜愛義理，安於天理，所以喜愛山的厚重不遷。

企業經營也是如此，「用腦」在戰略、戰術上，要時時如流水般地研發創新，不斷地進步。但「用心」對於經營哲學與理念，必須如高山般地一本初衷，穩重踏實。可見企業的「用腦」與「用心」正好和「智者愛水，仁者好山」有異曲而同工之妙。

(二) 挑戰「百年企業」的奇招「文化的堅持與強化」

1. 經營理念之融合

經營之哲的經營理念在宗教方面原是取法孔子、釋迦牟尼、亞里斯多德之三大古文明的哲學，並綜合台灣 慈濟的大愛。在經營執行方面則結合了經營之聖稻盛和夫的經營哲學（如右圖），使彼此融合而形成有根有本的強勢文化。

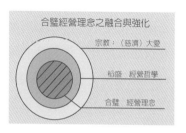

2. 推展稻盛和夫的六項精進以強化功能

(1) 付出不亞於任何人的努力：努力鑽研，比誰都刻苦。而且鍥而不捨、持續不斷，精益求精。哪怕只是前進一寸，都要努力向上提升。

(2) 謙虛戒驕：「謙受益，滿招損」是中國的古話，意思是謙虛之心會喚來幸福，還能淨化靈魂。

(3) 天天反省：每天檢點自己的思想和行為，是不是自私自利，有沒有卑怯的舉止。自我反省，有錯即改。

(4) 活著就要感謝：活著就已經是幸福，所以要培育感恩之心，滴水之恩也不忘相報。

(5) 積善行、思利他：「積善之家有餘慶」，行善利他，言行之間留意關愛別人，行善積德有好報。

(6) 不要有感性的煩惱：不要老是忿忿不平與煩惱焦躁，讓憂愁支配自己的情緒；全力以赴、全神投入工作，以免事後懊悔。

3. 堅持處世哲學與經營理念，作為挑戰百年的砥柱

處世哲學本是為人做事的指針。依邏輯說法，企業家應是先有處世哲學，然後才開展他的經營理念。而在經營過程必須以這些哲學與理念，作經理的指導方針。因而經營之哲今天仍然非常自信且堅定，要將他的處世哲學與經營理念作為「挑戰百年企業」的中流砥柱，使它更落實而更發揚光大。這個信心從哪裡來的呢？

因此我們應該再咀嚼一下他的這兩套寶貝：

處世哲學：發上等願，結中等緣，享下等福；

擇高處立，尋平處住，往寬處行。

經營理念：不斷地思考與行動，誠信蛻變創新卓越。

創造價值共生共榮，感謝報恩回饋社會。

同時，我們也不妨再回顧第5、6〈經營者處世有哲學〉、〈經營有理念〉兩章，我們就會發現，他的信心應是來自於四十多年來他運用這兩套寶貝，獲得一帆風順，成果輝煌。好的東西當然要保存，好的策略當然更要發揚光大，因而意志非常堅定。

(三) 挑戰「百年企業」的戰略、戰術，簡易中有巧門

■ 堅持三重點：

1. **理念**：合璧除了繼續堅守經營理念與經營哲學外，經營之哲認為還要加強：(1)贏得一流顧客（高階智慧人士）之尊敬。(2)公司及員工向心力之凝聚。(3)個人心靈與幸福之昇華。

2. **人才**：經營之哲認為人才是進步與發展之基石，不進步即是退步危機的來臨。邁向百年幸福企業的第一要務，就是人才培育。

   (1) 培育原則：選才、育才、用才、留才，四者必須相輔相成。

   (2) 培育方式：

   ① 公司人才自行培育。

   ② 外招人才加強培育。

   ③ 高級幹部、中級幹部、初級幹部之進階培育。

   ④ 訂定在職培育計畫。

⑤ 幹部的理念與實務之培育。

⑥ 分廠內與廠外之培育、國內與國外之培育。

⑦ 加強續推M、C、R（師徒制、教練制、輪調制）的培育計畫。

(3) 強化領導人才的指標：

① 善於領導自我：培養自覺力、嫻熟技能力，以及善於計畫能力。

② 善於領導：培養善於指導、啟發、開發同仁之潛能，以達完美。

③ 顯著領導績效：即在強敵環伺下，仍有帶動業務成長的能力。

④ 善於領導變革：即能統合所有關係人，引領組

▲中堅幹部培訓（講師三菱顧問）

織突破現狀，且勇於挑戰既有框架與思考的能力。

3. 創新：

(1) 企業的創新包括：發展戰略創新、產品創新、服務創新、技術創新、組織制度創新、管理創新、營銷創新、文化創新等。

(2) 合璧公司將把創新納入績效考核評價體系，鼓勵員工不斷創新。上述八大方向，各盡所能，公司自然不斷成長。

■ 堅守二要件：

1. 水壩式之資源：公司必須儲備加倍的資金、人才、據點、技

術、資源及市場力、管理力，以防不時之需。如災變、國際
風暴，公司可立於不敗之地。尤其資金財務應作加倍的儲
積，才是風險的最大保障。

2. **多角化、多元化、多國化之戰略**：目前全公司的資源充分，
而且人力、據點、技術、服務等，大都準備完成：

(1) 鞏固據點力（見下圖）：

生產據點：台灣、上海合璧、上海合輝、東莞合利美等。

國內服務點：上海、廣州、西安、青島等。

海外服務點：日本、泰國、馬來西亞、美國、印度等。

(2) 增強戰術力：包括管理力、人才力、生產力、市場力、
品質力、技術力、市場
力、文化力、創新力、
開發力、未來力，以及自
動化與外部資源運用。其
中「文化力」包括企業
文化、經營哲學、經營理
念、價值觀等，乃合璧公
司的強項，目前已經進行
得燦爛有光，宜再接再厲。

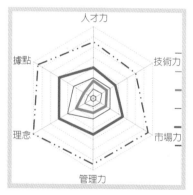

■ 積極向外攻擊

1. 經營之哲對外演講，作理念傳播：

(1) 2015.05.15中國盛和塾上海大會—實踐經營理念，創造幸
福百年企業。

(2) 2015.05.31東海大學—經營理念及哲學實踐與繼承之經

驗。

(3) 2015.11.04臺灣師大
管理學院─合璧四十
年發展與企業倫理實
務。

▲經營之哲上海盛和塾大會演講

(4) 2015.11.19日本福岡
盛和塾例會─實踐經
營理念創造幸福百年企業。

(5) 2015.12.11廣東盛和塾五週年年會─挑戰百年幸福企業。

(6) 2016.05.21國立台灣大學管理學院─有效經營─企業倫理
引導永續經營。

2. 歡迎外賓來訪，作理念傳播：

僅以2016年的統計，可以見微知著：

(1) 2016.1.11三葉（上海）─田中副所長。

(2) 2016.1.13─富士通（上海）─尾崎部長。

(3) 2016.14電裝（中國）─中田部長／市尾課長。

(4) 2016.1.28TRAD─青木主任／林系長。

(5) 2016.2.17FUTEC─中村社長。

(6) 2016.2.25阿斯莫（日本／天津）─榎本次長／中田部長。

(7) 2016.3.16三菱電機（靜岡）─田村課長／山內課長／宮
阪。

(8) 2016.4.8YAMAHA（台灣／蘇州）─中總經理／安富副總
經理。

(9) 2016.4.18YAMAHA（日本）─橫山取。

3. 透過國內外媒體的報導

(1) 2014年：《經濟日報》〈心胸多大，企業就有多大〉。

(2) 2015年：日本《PHP》〈經營理念企業〉／日本《PHP》〈贏得顧客的尊敬〉／《田邊專刊》〈「中國流」經營戰略〉／《經濟日報》〈做回饋社會的百年幸福企業〉。（請參閱第2章「三、我發現了經營之哲經營合璧企業的奇蹟」）。

▲經濟日報的報導（合璧提供）

▲日本PHP的報導（合璧提供）

4. 海外參展、看展

僅以2016年為例，可見衝勁之一斑：

(1) 2016.1.25～1.27美國AHR FLO RIDA展。

(2) 2016.2.25～2.27印度ACREX電子展。

(3) 2016.5.4～5.7土耳其空調展ISK-SODEX。

(4) 2016.5.17～5.19澳洲墨爾本空調展ARBS。

(5) 2017.2.13～2.17印度ELECRAMA班加羅爾電機展。

三、合璧挑戰「百年企業」的新動力，同步深耕、擴展

(一) 從深耕經營到擴展經營

　　「深耕」指公司的經營必須堅持「三重點」，從堅持理念、培育人才、不斷創新，儲備水壩式的資源，永續向下扎根（如右圖）：

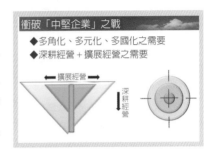

　　「擴展」指公司的經營必須多角化、多元化、多國化之戰略，廣泛建立據點力、人才力、文化力與未來力，擴散全球，底盤穩固；可以避免「蛋投一籃」的危險。

(二) 邁向百年大業的新方向

　　依據合璧公司董事長的手諭，有所謂未來發展的十大新構想：

1. 本社之再定位、再擴大：中堅企業→中大企業。
2. 上海合璧加強多角化、多元化。
3. 合輝之深耕×擴展。
4. 日本合璧之再生、再定位、綜合性、2.5。
5. 印度合璧：全面支援與開發、馬來西亞合璧：充分活用。
6. 語言能力之提升中文、英文、日文。
7. 積極人才之引進及培訓。
8. 身體健康管理，包括董事長、幹部及全體員工。
9. 提升員工心靈與禪定→傳播正能量。

10. 繼續社會回饋、感謝報恩→永遠不會退休，與同仁同在，一起努力，直到最後。

四、合璧布局「富過三代」，創造「百年企業」的新態勢

(一) 第二代已經接班

經營之哲因少年歷盡「富不過三代」的魔咒之痛，因而立志要「富過三代」，打破魔咒，因而很重視子孫的栽培。如今第二代已經接班了：長子是台灣交通大學碩士，又到日本東芝公司磨練兩年，熟練日本的企業特性與文化背景，現任合璧公司副總經理，主持上海廠。次子擁有美國大學MBA學位，

▲長子詹副總經理、次子詹協理兄弟

現任總公司協理，負責海外之推展。兩人都是文質彬彬、謙和努力，在老爸的核子保護傘之下，雖是任重道遠，看來卻是舉重若輕。可見之未來，合璧的燈塔將更光芒四射。

(二) 第三代即將養成

最值得一提的是第三代的養成非常特別。哲人有男孫、女孫各一，兩人國小階段的暑假，就鼓勵他們到上海廠冒充十八歲的

青少年，下工廠當作業員，跟著其他員工一起工作、一起生活、任勞任怨、無怨無悔。除了主管之外，無人知曉他們的身分。暑期結束時，阿公問男孫對這項工作的喜歡程度，他說可有90分。真是鳳雛麟趾，肯堂肯構，令人稱羨。

孫女從小與祖父母同住，朝夕孺慕，在做人做事與經營理念早已受到很多的薰陶。每個月都會閱讀稻盛和夫或松下幸之助的著作，並撰寫心得給爺爺看。小學已開始學日語，高三時就通過全民英檢中高級；大學一年級就通過日本語能力試驗N1。升大二的暑假，更和爺爺一同到京都

參訪了許多當地的百年企業，實地了解各個企業理念，而她都虛心學習，擁有跨越國界的價值觀，能以多元、尊重的眼光看待不同文化，未來經營的眼界胸襟可期。

孫男於2015年高中畢業，同時向日本與美國的大學申請入學。結果，日本早稻田大學還因感動而同意發給獎學金。

他向早稻田的申請書中概略說：

▲哲人與第三代孫男合影

「對我而言，一個非常明確的方向，那就是加入幫忙並繼承我爺爺的事業。爺爺高度重視日本文化，他從日本文化中學會：當有人需要幫助時，必須用盡各種方法來提供幫助，從來不要求任何回報。正因為如此，員工都非常喜歡並尊重我的爺爺，並樂意為他工作。我真的非常尊敬我爺爺，總是不把賺錢這件事擺第一。所以我非常渴望能夠加入經營團隊並發揮一己之力，且延續他經營事業的理念……」

　　這裡可以看出：經營之哲的第三代已經即將培養成功了。不僅可以「三代不敗」，相信可以繼承父祖之大志更加發揚光大。

(三)　「挑戰百年幸福企業」的燦爛藍圖，可以蕭規曹隨

　　經營之哲為了挑戰百年企業，讓子孫有成規可循，永無斷層，還訂定了「挑戰與邁向百年幸福企業」計畫圖表（如下列二圖），要子孫奉之行之。

　　二圖中以企業追求「偉大」與「巨大」作比較。左列是合璧，追求的「偉大」，重視「經營哲學」，特別重視「用心」，占80%，「用腦」只占20%。目的是在追求「功德成就」，最後達成「幸福永恆」境界。

　　但右列的一般企業完全相反。他們只重視「用腦」，只一味追求財富與巨大，但這榮耀往往只是短暫的。

　　也由於兩邊之「用心」與「用腦」的不同，所以跟著「智慧」與「知識」、「精神」與「物質」、「功德」與「財富」、「心靈領導」與「物慾領導」、「施與捨」和「要求和鼓勵」的

百分比都產生了很大的差異」。

經營之哲說：「經營目標是要『用腦』，追求的是利益與巨大。所以戰略及戰術隨著環境變化而變化。但經營目的是要『用心』，追求的是創造價值、共生共榮、感謝報恩及回饋社會。這個經營理念與哲學是要創造百年幸福，所以要如聖經一般永遠不能變。」

不錯！人，最難打開的是心門，但一旦打開，便會看到陽光燦爛的未來，發現了熱情洋溢的自己。

經營之哲立志要建立「百年幸福企業」，信心十足，意志堅

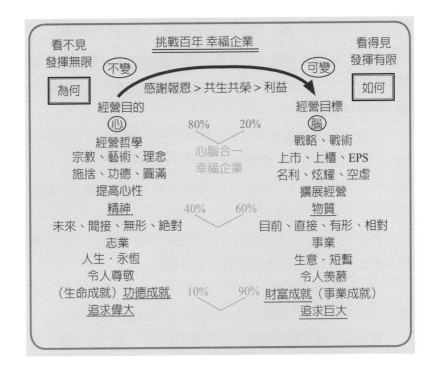

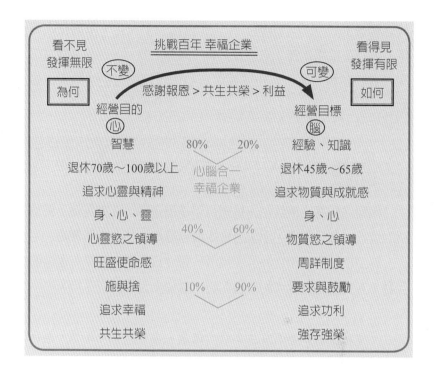

定。而思維之深，計慮之遠，策劃之縝密，相當契合孔子的看法：

　　子曰：「人無遠慮，必有近憂。」《論語・衛靈公》

　　孔子說：「凡事豫則立，不豫則廢。」《中庸・十九》

　　如今國際風雲瞬息萬變，商場絕難置身事外；人間道路崎嶇顛踣，人生絕不易一帆風順。其實，孔子早已示人做事一定要思慮深遠，事前做好準備，有備才可以順達；甚至要能預測前途的風險，防患於未然。可說先知灼見，千載不易，令人佩服。

　　合璧的講求「心腦合一」、「堅持經營理念」，注重「水壩

式之經營」、「人才培訓」、「多角化、多元化、多國化之戰略」，以及積極培養「未來力」與「向外攻擊」，都是高瞻遠矚與扎實的預備工夫。也在在值得有心作永續經營的企業家作參酌。

五、總結：合璧「挑戰百年企業」竟然呼應了賈伯斯遺言

　　經營之哲說，他訂定「挑戰百年幸福企業」計畫是讀了賈伯斯的遺言，深受啓發，期望將來能跨越藩籬，不會重蹈覆轍。

　　賈伯斯的遺言深含悔恨與頓悟，對今日企業家應該有很深的啓發，其實也是對世人的最後期盼。賈伯斯說：

　　「作爲一個世界五百強公司的總裁，我曾經叱吒商界，無往不勝，在別人眼裡，我的人生當然是成功的典範。但是除了工作，我的樂趣並不多，到後來，財富於我已經變成一種習慣的事實，正如我肥胖的身體──都是多餘的東西組成。此刻，在病床上，我頻繁地回憶起我自己的一生，發現曾經讓我感到無限得意的所有社會名譽和財富，在即將到來的死亡面前已全部變得暗淡無光，毫無意義了。

　　我也在深夜裡多次反問自己，如果我生前的一切被死亡重新估價後，已經失去了價值，那麼我現在最想要的是什麼，即我一生的金錢和名譽能給我的是什麼？有沒有？黑暗中，我看著那些金屬檢測儀器發出的幽綠的光和吱吱的聲響，似乎感到死神溫熱

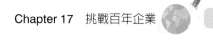

的呼吸正向我靠攏。

　　現在我明白了，人的一生只要有夠用的財富，就該去追求其他與財富無關的，應該是更重要的東西，也許是感情，也許是藝術，也許只是一個兒時的夢想。無休止的追求財富只會讓人變得貪婪和無趣，變成一個變態的怪物──正如我一生的寫照。

　　上帝造人時，給我們以豐富的感官，是為了讓我們去感受他預設在所有人心底的愛，而不是財富帶來的虛幻。我生前贏得的所有財富我都無法帶走，能帶走的只有記憶中沉澱下來的純真感動！」

　　經營之哲受了賈伯斯的遺言的啟示，反躬自省，對賈伯斯懊悔「財富只帶來了貪婪、無趣與虛幻」的話，深自警惕，因而訂定了一個「危機意識」的處理流程：

　　危機意識→感覺力→洞察力→問題意識力→行動力

　　接著又訂定了另一個「5sion行動力」的流程：

　　確立願景→強烈企圖心→鼓起熱情→嚴峻任命→加強協同→勇猛行動

　　經營之哲舉兩大企業為股鑑說：「台灣王品因急著上市，失去了經營哲學，未來難卜；台灣矽品因上市，股權爭奪而喪失經營目的。」

　　可見以雄厚的資金、金牌的口碑，要「挑戰百年企業」，仍是戰戰兢兢，臨深履薄，堅決地吆喝著：「我要繼續社會回饋，永遠與同仁一起努力，直到最後。」這種毅力值得大家的鼓掌！

　　稻盛和夫鼓勵企業家要創造「向未來挑戰的開創式經營」，前提是先要累積具備耐得住風險的資金力和財務體質；其次要有強到能滲入潛意識的願望。這點訣竅與決心，經營之哲是學到了，也做到了。

※哲人對話錄

　　愛因斯坦說：「一個人的價值，應當看他貢獻什麼？而不應該看他取得什麼？」

　　經營之哲說：「企業的價值，應當看他的壽命多久？而不應該看他的規模多巨大！」

　　左宗棠說：「身無半文，心憂天下；書破萬卷，神交古人。」

　　經營之哲說：「身累億萬，心憂未來；業近雲端，志在百年。」

▲哲人挑戰百年信心十足

附錄一　獲得生命的奇蹟——感謝再造之恩

洪和昌

2015年11月25日，陽光高照，萬里無雲，我與兒子搭上飛機前往湖北武昌，懷著忐忑、感恩的心情，盼望著生命的奇蹟！

多年前一次小手術，竟然把我原本虛弱的身體推入無垠的深淵。任憑我如何努力都無法挽回往日的健康。多年來內心猶如千年陰暗的幽谷。夜夜輾轉難眠，天天萎靡昏睡，希望、信心、意志幾乎完全喪失。以為再也見不到一點光明了。全家陷入了一片哀傷的氛圍，內心有種生不如死的感覺。我曾向上天與神佛控訴：我一生從事公益，救助無數家庭，為何淪落如此命運？不是為善之家必有餘慶嗎！不是善有善報嗎！不是吉人自有天相嗎！我開始有太史公司馬遷一樣的質疑：「天道無親，常與善人：是耶？非耶？」

▲洪和昌換腎前與詹董攝於辦公室

當醫生宣布我必須血液透析時，我幾乎崩潰了。但為了家庭及對老婆的承諾，我還是痛苦地面對現實。一週透析三次，一次四個小時，透析前後整天都是軟趴趴的，一無作為。人生至此，除了「絕望」二字，真是夫復何言！

合璧公司董事長詹其力、也是我彰化高工的學長，有一次來

電，關心我的身體，我只得如實以告，也吐露我的一些心聲。詹學長一再鼓勵與安慰，要我看開一點。他說：「台灣洗腎的人口很多，一樣活得好好的。有什麼好喪氣的呢！」我的心境頓時有點寬解。果然正向思考者的人生觀，畢竟就是不一樣，難怪他的企業經營得那麼成功。當我再次與他通話時，他突然說一句：「像你這樣一生從事公益的好人，那麼快就讓你死，上天也太沒公理了。」當時讓我心裡有些激動，心想世上畢竟還是有肯為我說句公道話的人。

不久，詹學長從大陸回航，機上鄰座有位人士告訴他，廣州醫院可以移植腎臟，價錢新台幣400萬元。我接到電話後，一則以喜，一則以憂：喜的是詹學長這樣牽掛我，竟然連乘飛機都在為我探路。憂的是這天文數字我如何去碰呢？除非我賣掉所有的家當！

一兩週後，詹學長又來電說，他到日本旅遊，有位團員也是彰工校友林學長，剛從大陸換腎回來，相當成功，只要新台幣200萬。並說：「這200萬我來提供，不過往來交通、住院等雜費約50來萬，你必須自己籌措。我會將林學長的電話給你，你自己去詢問。」一時把我震呆了，真以為自己在作夢，不知怎麼回答！心想即使兄弟姊妹有此能力，也不一定做得到呀！頓感人生得此良朋益友，可說此生無憾了！

但換腎事關重大，必須與家人、家族兄長、甚至朋友，仔細評估。但每說到詹大學長的好意，有人根本不敢相信，有人叫我聽聽就好。我也詢問過彰工校友，他們也是大感驚訝。而大陸醫療方面的傳聞很多，大多是負面的消息。我也到台大找過三位主

治醫生詢問，三位都直截反對，並表明即使移植回來也不接受後續的治療。令我一時又猶豫起來。

何況新台幣200萬元，約相當於黃金塊四十八兩。在鄉下可以買兩分地，約六百坪的面積，傳統房屋一間。對我這個一輩子公務員而言，是從沒經手過的天文數字，而且這麼大的人情，我哪能承受得起？但在台灣換腎排隊，要排到八千多號，等待要等三十多年。實在也不是上策。隔天又接到詹大學長的電話，一再催促，叫我不用憂慮那麼多。我也請教恩師二林社區大學謝四海校長。老師說：「我活了七十幾歲從來也沒聽過一個非親非故的人，願意發這麼大的心願，花這麼多的金額幫助朋友治病的。和昌啊！你要好好把握重生機會，詹其力董事長願意出手幫忙，他一定不會計較這些人情，你要先把命救回來，人情以後慢慢再說。」於是我決定先行打探打探。

我聯絡到林學長，林學長告訴我不用擔心，那邊是服務差點，醫療水準不亞於台灣；並為我轉上仲介。仲介竟然說已漲到新台幣250萬元了。詹學長聽到後則說，多出的50萬，正好給你的太太和兒子有努力的空間。真是說來輕鬆。但晚上內人核算了家中所有，無論如何，一時都無法籌措出100萬來。尤其任何醫療一定有其風險。我想萬一發生了危險，接下來的醫療費一定更大，我怎麼辦！全家仔細商議結果：既然顧慮那麼多，就決定留在台灣等候吧！第二天只好毅然地把實情告訴了詹大學長，並說：「謝謝您！我決定放棄機會。」

沉澱了兩天，詹大學長又來電，不由分說，大聲斥責了半個多鐘頭。大意是：「我把你當兄弟看！也老實告訴你，像你這樣

講義氣的兄弟，世間很難找，我實在很珍惜，你怎麼可以自暴自棄呢！況且你才六十來歲，未來還能爲社會做很多公益事業，怎麼可以這樣輕易就走了，太不負責任了！我們以往配合做的案例都很成功，是你我才願意贊助。我再老實告訴你：我明年將八十歲了，我決定不做慶生儀式，打算做兩件大善事：一是幫助兩個人移植腎臟。一是爲公司近千名員工做癌症篩檢。移植腎臟的你是其中一位。我既然把你當兄弟看，還提什麼人情不人情，我公益贊助了那麼多人、那麼久了，從來就沒跟人討過人情，你掛什麼心呢！我贊助你的金額可以提高到230萬元。不足的20萬元你自己找親友籌募，讓他們有協助你的參與感，也看看平時稱兄道弟的有幾個眞心！」至於萬一發生風險的醫療費，詹學長爽快地拍胸脯說：「我不會眼睜睜看著不管的！」並且開示道：「大丈夫面臨大關頭，要具大氣魄，大刀闊斧，大開大闔；怎能像你這樣猶豫不前呢！」

　　不錯！這時候正是生命與金錢的抉擇，人情與眞情的考驗。我頓時心血沸騰，心意一橫：有學長如此仁至義盡，我還能再猶豫嗎？因而我鼓起勇氣，湊足了金額，帶著忐忑的心情以及親友滿滿的祝福，在大兒子陪伴下飛往武漢，抱著去不是走回來、就是躺著回來的決心，一定要換好才回來。臨走前看著太太無奈的神情，心頭千言萬語，盡在不言中！幾十年的夫妻之情，我又如何道出心中的眞正感受！何忍道出一聲「訣別」呢！只能強顏歡笑，至少給她在痛苦中的一點小火花吧！

　　到達武漢市就直奔醫院，辦妥手續已是晚上十點多了，內心五味雜陳。不過心中一直激盪著一股強烈的信念——詹大學長給

我這個千載難逢的重生奇蹟，還有那麼多親友滿滿的祝福：「我一定要成功回家鄉！」

　　初進醫院人生地不熟，整層醫院的通道都沒燈光，氣溫又是那麼冷，加上醫院向來有不少傳說。躺在病床輾轉難眠，轉頭看看兒子，他也是如此。耳邊不時浮起詹大學長的鼓勵話，「放心不用怕，有大家這麼多的祝福，一定會成功的！」這些聲音一直縈繞著整夜的夢魘。隔天一看，病房裡都是在這裡住院一兩個月的病人或家屬，彼此很熟絡，幾乎已成為一個小社區，三五成群地聊著天。不久，我的仲介來了，我告訴他，這次我能來是一位慈善企業家贊助我新台幣230萬元，機會非常難得，你要信守承諾，真的幫我找顆十八、九歲的腎臟。話剛說完，就接到詹大學長關心的電話，「理事長！住進醫院情況怎麼樣？」我說：「積極在安排檢查。」他說：「你放心地做檢查，我們保持聯繫。」我對仲介說：「他是我的醫療贊助人。」但我的這些話，隔床的「同憐人」都聽得很清楚。從此我們父子是從台灣來的，以及受好心人贊助的情形，很快就傳遍了整層病房，特別引起注意。

　　自此以後，每天起床除了禮貌性打招呼外，幾乎都有人抱著好奇心前來詢問，無形中很快地融入他們的圈圈。聊天中時常接到詹大學長的關心電話，讓他們更加的好奇與狐疑：我是什麼人？怎麼有人願意贊助這麼龐大醫療費？贊助人是什麼人？哪來這麼大的慈悲心？在他們來說幾乎是不可思議的事。大陸一胎化政策，很多年輕人來移植，都是集盡兩家父母的積蓄或賣田、賣房才能籌足醫療費，無怪乎他們嘖嘖稱奇。從此我便成為他們茶餘飯後聊天的主題。不過我很多不懂的地方，也特別受到關注與

協助。後來這個消息傳到醫師團隊「中國器官移植先鋒」的耳裡，每次來巡房時，也有份好奇的眼神在觀察著我們。這就是我能提早移植的魔力，感謝詹大學長的「隔空發功」。

　　這期間，我趁著大家好奇詢問的機會，常常大談詹大學長的經營理念，譬如說這位慈善家是一位年近八十歲的企業家，平時好善樂施，救助過很多人。他常說：「創造利潤，只是經營企業的過程，『創造價值、共生共榮、感謝報恩、回饋社會』才是我們經營最終的目的。」最特別的是他的經營哲學，竟然來自世界三大古文明：中國的孔子，希臘的亞里斯多德，印度的釋迦牟尼。他將三位的哲學思想落實到企業經營上，訓練出虎豹雄獅的幹部，準備迎向百年企業，可說是中小企業無人能及的東方明星。他的經營理念被日本PHP刊物研究員列為在亞洲八大經營理念的企業之一，尤其是唯一的中小企業，可以與七大公司齊名，實在是一項大奇蹟。他在上海的工廠幾乎完全公園化、藝術化、學校化、人文化，企業文化獨樹一幟。公司每年拿出盈利的5%從事社會公益，25%作員工福利，讓員工入股分紅。接著我把帶去的合璧企業之刊物《合璧情》送給他們。有的只看了前面一些圖表與照片，人就愣住了，幾乎說不出話來，然後才再三的說：「人間竟然還有這樣的企業啊！有機會一定到上海參觀參觀！」這個消息又傳遍整個醫院。因而「上海合璧」幾乎成了醫院裡的天方夜譚！

　　在此令我終身難忘的是詹大學長的關心，天天都來電話，整個醫院無論病友、家屬、醫生或護士，無不稱奇。尤其是手術前後，更是三餐來電：「喂！今天情況怎麼樣？身體有什麼變

化？」「病情有控制住了嗎？排尿功能正常了嗎？」「吃排斥藥有強烈反應、拉肚子嗎？」「一定找醫師看怎麼排除！」「飯吃得下嗎？恢復狀況如何？紅血球有提升嗎？」「預計要再住多久？醫生有說哪個時候出院嗎？」「確定出院日期了嗎？錢夠用嗎？不夠要馬上通知我，我會匯過去的。」連續的關心，不停地問候，每每問到了很小的細節。不僅感動了整個病房，連我自己都沒有關照自己到如此無微不至呢！而向來作事風格獨特、時常對我很有意見的兒子，過去時常這樣挪揄我說：「爸爸平時熱衷公益事業，尤其對故鄉更是投注一輩子的心血，像有關彰化同鄉會拓展組織、故鄉的交通建設、工業園區的設立，環保團體的抗爭，無不衝鋒陷陣。但卻從沒有看到有什麼單位或有頭有臉的人士為你頒獎、肯定。現在你身體不好，有幾人來關心一下！您認為這樣做、這樣的人生值得嗎？」他說得不錯，時常令我啞口以對。當然近世年輕人好高騖遠，只重現實面，缺乏高瞻遠矚。我有時只是一笑置之，有時告訴他，人生於世，豈能事事盡如人意，不過但求無愧我心就可以了；或許當時他也不完全明白。

如今，我病入膏肓，受人高額挹助，才能飄零異地尋找生命的奇蹟，整個過程，恩人電話不斷，孩子看得很清楚。有一次在隔離病房對我說：「我看今日世上，除了詹董，有誰還能贊助你的移植花230萬元？有誰能做到三餐來電問訊；即使親人也沒人能做到！」孩子似乎長大了，觀念也似乎成長了許多，果然能夠看清世態了。不過舉世皆醉，畢竟還有獨醒之人，詹大學長就是最楷模中的典型。誠然，今日世態炎涼，人情更是冰冷。今後我們確實需要調整一下觀念與心態。但師長教導的成賢成聖沒什麼

錯！只是在「明哲保身，自求多福」之外，還能不忘人生行善助人的本務。因而這次的經驗讓我認識到：「繁華得意時身邊盡多偽士，患難困苦時身旁才見真人」啊！古有明訓不是說「雞鳴於風雨，忠臣見於板蕩」嗎？我們今日是如實地見到、受到了。

　　跨越年度終於可以出院回家了，本以為可以順利回台續治，想不到台大醫院果然拒絕接收，半路兩次差點喪命。「屋漏偏逢連夜雨，船遲又遇打頭風」，那時記得矇矇中耳邊不時響起詹大學長的喊話，「放心！會沒事的。」好在趕快找台大醫生急救，才勉強渡過難關。四天後幸而找到亞東醫院願意承接，內心真是捏把冷汗。好不容易得到大善人的贊助可以到對岸移植，竟然回來後幾乎命喪家鄉，天下事實在難料呀！也由於沒銜接上醫療，造成身體受損，必須做些補救措施，積極打補血針補回紅血球，預估又是多出3、50萬的預算。感謝親朋好友及時贊助，如今病情已經穩定下來了。

　　回台後因為醫師特別交代，目前抵抗力非常薄弱，最需要充分休息調養，不可外出公共場合，也不可接受外人相訪，以免感染。因此過年期間都以電話或視訊聯絡拜年，感謝親友們的配合與關心。期間陳定國老師（華人第一位拿到美國企管博士、企業管理大師）也來電關心，並感謝我引薦詹其力董事長跟他認識，對他在學術上的幫忙很大。當他聽到我這次到大陸移植，都虧詹大學長贊助。陳老師說：「詹董事長真是有情有義、眼光胸懷遠大的人，我很佩服他，也是唯一符合我的『三良企業』理論的企業代表。」另外，當我向第一名店董事長王義郎（創辦永興航空的總經理）拜年並感謝時，他大力稱讚說：「詹董事

長行善助人已經持續多年，事業又經營那麼成功，我個人很佩服他。」很多宗親、好友來電，我都訴說移植的經過，並表達對詹大學長的感激。有位宗親說：「這位是在替天行道，應該是神、不是人，請你安排吃飯，我想認識這位神。」我才告訴他十年前的往事：我稱爲詹大學長爲「企業禪師」，是把他比喻爲新北市土城區承

▲陳定國博士與詹董合影

天禪寺廣欽老和尚（佛教認定的水果禪師）的修行，只是道場不同而已。前幾天啓順興貿易公司姚董事長能鑽（中國藝術大學、華梵大學教授）來訪，他說：「我跑過亞洲及世界各地，從沒看過一家公司有辦法經營成這種程度，要我經營也確實做不到。」誠然，善人所在多有。但要能夠像詹大學長持續不斷，每個月救濟40人，救助最久的有二十八年。四十多年來救助、回饋金額高達人民幣8,000～12,000萬。我看天下應該「唯此一家，別無分號」了。

▲第一名店董事長王義郎

　　前幾天，詹大學長特別交代：「好好靜養，身體康復後必須繼續公益工作，救助更多的人重生，才不辜負我贊助你的心意。」這番話又令我心頭一震，這次承蒙詹大學長的再造生命的奇蹟，眞是「身感神受」。身感的是腎臟移植成功了，眞是銘

感五內；神受的是更學習到詹大學長的積極處事與行善之態度。尤其是德養善念有著無遠弗屆的影響力，所到之處盡是口碑，盡是敬佩之聲。詹大學長的交代，如金似玉，於我心戚戚焉，只要因緣時機

▲洪和昌換腎成功後與詹董攝於辦公室

成熟，定當全力以赴。恩大如山海，感佩之情難以言喻，本該早日提筆致謝，只因病情時好時壞，必須赴多科回診復健，加上近日流感肆虐，疑受家人輕微感染，精神不濟，每次提筆無不深感「心有餘而力不足」。今幸得幾日清朗，但提筆之際，心頭千言萬語，卻辭難達意，唯有感謝再造之心，天地可表，謹請鑑察。

台北市彰工旅北校友會第九屆理事長　洪和昌　敬上

2016.03.10

附錄二　幸福就是簡簡單單

林靜芳

　　董事長夫人緩緩地說著：「不要太執著於物質欲望，吃的、用的簡單就好。」。練太極拳已經七年的董事長夫人，個性如同太極拳般柔中帶剛，擁有著溫柔又堅毅的正向力量，導引我們領悟董事長的人生處世哲學「發上等願、結中等緣、享下等福、擇高處立、尋平處住、往寬處行」。

　　本回董事長夫人住院，董事長幾乎每天醫院公司兩邊跑，雖然精神疲憊，卻依然堅持每天上班，對於工作沒有絲毫鬆懈，一直將合璧當志業在經營，這種無私的精神，試問又有誰能做到呢？當同仁們探訪董事長夫

▲合璧公司詹董事長與夫人伉儷情深

人時，慰問的話語尚未說出，她反而關愛地問著：「你們吃飯了嗎？餓不餓呢？」，即使自己身體不適還是時刻關心著大家。住院期間，董事長與董事長夫人甚至還為了救濟幫忙親戚換腎的事情持續操心著。令鈍口拙腮的我們領略到董事長及董事長夫人悲憫的愛心，無論一個人有再大的權力，再多的財富，再高的智慧，如果沒有學會去關懷別人，去愛別人，那他的生命還有多少意義呢！這麼多年來，董事長一直持續關心、關懷、關照合璧大

家庭裡的每一位成員，親切地與基層同仁互動，積極協助急需醫療救助的同仁。董事長早已用超脫世俗的思維在思考事情，總是教導我們必須擺脫個人狹隘的自我、血統、地域的觀念囚牢，不要因為周圍環境的腐化而使自己的心靈與行為受其影響，跟其腐化，唯有大愛的展現，才能令我們的視野、精神、生活為之改觀，世界才會祥和。

　　數年前，董事長夫人曾因醫生開錯藥而導致肝中毒住院，身體康復出院後，初期因免疫系統受到干擾影響，導致全身每一部位只要觸碰都會疼痛萬分，每天早上依然堅持起床為董事長準備早餐，自己先慢慢扶著牆壁站立一會兒，讓身體漸漸習慣疼痛的感覺後，才開始走動至廚房，即便雙手無法使力舉起鍋子，也要抬起腿利用膝蓋的助力將鍋子頂起，她堅定的說著：「我不依賴別人，一定要自己做到。」，如今娓娓道來當年辛苦的復健過程，她還是一如既往雲淡風輕優雅地笑著。此時我腦海自然而然浮現「Just do it」、「Yes, I can.」的口頭禪。董事長與董事長夫人生活質樸，日常大小事總是不假手他人，也不願意麻煩別人，生理年齡永遠比身分證上的年齡還年輕。當其他企業領導提早退休，到處遊山玩水奢華度日時，董事長還是堅持著數十年來如一日的苦行僧般的修行生活。董事長及董事長夫人一直以來的堅持力量，是合璧人的精神指標，無論生活、工作、健康各方面，總是潛移默化的引領著我們正確方向。

　　董事長夫人每天早上花兩個小時親自準備許多營養豐富的早餐，就是為了讓董事長在例行運動的三小時結束之後，補充體力、提升整天工作的精神與活力。「以前，他只吃一半；現在，

他都會全部吃完。」當董事長夫人微笑地述說著生活的日常之際，眼眸流轉間總是不經意地洋溢著幸福滿足的笑容。一位成功男人的背後，總是有一位默默付出與支持的偉大女人。幸福就是簡簡單單，來自靈魂之窗的真情流露，令雙眸的微笑是如此動人，發自心靈深處的幸福渲染力是如此儡人心魄。幸福度的最高層次「心靈層面的幸福滿足」令有限的生命，無限的延續，前英業達董事長溫世仁曾說過幸福屬於有智慧的人，只有能洞悉世情，理解別人的人，才能找到那把打開幸福之門的鑰匙。董事長早已將這把通往幸福之門的鑰匙交到我們手中，我們雖無法決定生命的長度，但可以選擇讓生命的價值更富意義與幸福。董事長的理念彷彿一場春雨，灑落在一塊久旱的田地裡，並且很快滲透了下去，期待我們心中的小小種子，將來萌芽成長時，都能積極思考進而認知→認同→實踐→血肉化→傳播至全世界，成就人世間的功德與大愛。

合璧公司會計課長　林靜芳

2016.09.19

參考書目

· 《合璧流》第一～二十七期　合璧文化基金會　中國上海市　2010 / 01～2016 / 01

· 《合璧情》第一～二期　合璧文化基金會　中國上海市　2012 / 06

· 《合璧謠》第一期　合璧文化基金會　中國上海市　2013 / 01

· 《合璧魂》第一期　合璧文化基金會　中國上海市　2014 / 01

· 《合璧粹》第一期　合璧文化基金會　中國上海市　2014 / 04

· 《合璧源》第一期　合璧文化基金會　中國上海市　2014 / 11

· 澀澤榮一　《論語與算盤》允晨文化實業公司　蔡哲茂、吳璧雍譯　台北市　2010

· 稻盛和夫《稻盛和夫經營術》　商周出版　江裕眞譯　台北市　2015　8刷

· 稻盛和夫《敬天愛人》　天下雜誌　呂美女譯　台北市　2014　4印

· 稻盛和夫《提高心性拓展經營》萬卷出版公司　陳忠譯　瀋陽市　2011　1刷

· 稻盛和夫《六項精進》中信出版社　曹岫云譯　北京　2011　1版

· 稻盛和夫《經營十二條》中信出版社　曹岫云譯　北京

2015　21刷

· 朱熹《四書集注讀本》大孚書局　台北市　1992

· 劉寶楠《論語正義》文史哲出版社　台北市　1990

· 蔣伯潛《廣解四書讀本》中新書局　台北市　1975

· 謝四海《中國文化基本教材》龍騰出版公司　台北縣
  1994

· 謝四海《論孟選讀》龍騰出版公司　台北縣　2004

· 謝冰瑩等《新譯四書讀本》　三民書局　台北市　2014
  8刷

· 羊春秋《新譯孔子家語》　三民書局　台北市　1996

· 潘樹仁《孔子家語》　中華書局　香港　2013

· 《禮記正義》廣文書局　鄭玄注　孔穎達疏　台北市
  1971

· 荀況《荀子》臺灣商務印書館　台北市　1970

· 來知德《易經來注圖解》中國孔孟學會　台北市　1971

· 賴炎元、黃俊郎《新譯孝經讀本》　三民書局　台北市
  1992

參考文獻

・陳定國〈合璧公司深耕企業文化創造經營特色〉　上海大學　2015

・張倩玉〈孔子天人合德思想研究〉　南華大學　台灣嘉義　2012

・林佐振〈佛教影響企業經的個案探討〉　中山大學　台灣高雄　2002

・李城保〈孔孟儒家管理思想對當代管理學啓示之研究〉　華梵大學　台灣基隆　2005

・劉維玲〈企業經營者論語思想之探討〉　大葉大學　台灣彰化　2016

・廖睿麒〈《論語》中企業社會責任（CSR）之意涵〉　逢甲大學　台灣台中　2011

・金清海〈儒家思想契合於企業經營發展的現代意義〉　正修科技大學　台灣高雄　2012

國家圖書館出版品預行編目資料

從論語學會經營哲學／謝四海著.--初版--.--

臺北市：書泉，2018.05

　面；　公分

ISBN 978-986-451-126-6（平裝）

1.論語 2.研究考訂

121.227　　　　　　　　107004422

4916

從論語學會經營哲學

作　　者 ― 謝四海

發 行 人 ― 楊榮川

總 經 理 ― 楊士清

主　　編 ― 侯家嵐

責任編輯 ― 黃梓雯

文字校對 ― 許宸瑞

封面設計 ― 姚孝慈

出 版 者 ― 書泉出版社

地　　址：106台北市大安區和平東路二段339號4樓

電　　話：(02)2705-5066　　傳　　真：(02)2706-6100

網　　址：http://www.wunan.com.tw

電子郵件：shuchuan@shuchuan.com.tw

劃撥帳號：01303853

戶　　名：書泉出版社

總 經 銷：貿騰發賣股份有限公司

地　　址：23586新北市中和區中正路880號14樓

電　　話：886-2-82275988

傳　　真：886-2-82275989

網　　址：www.namode.com

法律顧問　林勝安律師事務所　林勝安律師

出版日期　2018年5月初版一刷

定　　價　新臺幣400元